中等职业教育会计专业创新教材

出纳综合实训

主　审　刀文荣

主　编　瞿　红　黄宗玲

副主编　吴银春　刘晓丽　熊小平

参　编　肖　玲　叶　茂　甘　信

重庆大学出版社

图书在版编目(CIP)数据

出纳综合实训／瞿红，黄宗玲主编.—重庆：重庆大学出版社，2020.5

中等职业教育会计专业创新教材

ISBN 978-7-5689-1901-2

Ⅰ.①出…　Ⅱ.①瞿…②黄…　Ⅲ.①出纳—会计实务—中等专业学校—教材Ⅳ.①F231.7

中国版本图书馆CIP数据核字（2020）第020021号

中等职业教育会计专业创新教材

出纳综合实训

CHUNA ZONGHE SHIXUN

主　编　瞿　红　黄宗玲
副主编　吴银春　刘晓丽　熊小平
策划编辑　陈一柳　章　可
责任编辑：陈一柳　　版式设计：陈一柳
责任校对：谢　芳　　责任印制：赵　晟

*

重庆大学出版社出版发行
出版人：饶帮华
社址：重庆市沙坪坝区大学城西路21号
邮编：401331
电话：（023）88617190　88617185（中小学）
传真：（023）88617186　88617166
网址：http://www.cqup.com.cn
邮箱：fxk@cqup.com.cn（营销中心）
全国新华书店经销
重庆华林天美印务有限公司印刷

*

开本：787mm×1092mm　1/16　印张：7.25　字数：131千
2020年5月第1版　　2020年5月第1次印刷
ISBN 978-7-5689-1901-2　定价：21.00元

前　言

国家高度重视职业教育发展，并强调把职业教育摆在教育改革创新和经济社会发展中更加突出的位置。本书结合会计行业需求和初学者的学业水平，以出纳的工作流程为导向，按照实际工作需要详细介绍了现金收付、银行结算等具体业务处理。本书是由编者根据多年教学与实践经验，在诸多教师、企业专业人士的指导和帮助下收集大量资料编写完成的。本书具有如下特点：

1.实训为主。本书在编写过程中，经过系统的社会调查和分析后，打破常规的以理论讲授为主的方式，根据出纳日常工作，总结了出纳工作中最具代表性的业务，使学生在实训中升华理论知识，并将实训任务放在具体的案例中进行分解学习。

2.单笔业务情景再现。本书模拟企业真实凭证和企业出纳工作流程，还原企业出纳岗位的日常工作，详细介绍每笔业务的操作步骤。

3.内容易教、易懂、易学。本书详细介绍中小型企业中常见业务的具体处理过程，并在每话后配以适量的任务训练，将纯理论性的专业知识尽可能简化，力求能让更多的学生看得懂、学得好。

本课程共有 42 个学时，各章节课时分配见下表（供参考）。

学时分配建议表

话	课程内容	学时分配			
		合　计	讲　授	实　训	机　动
第一话　初学乍练，走进出纳	出纳介绍	1	1		
	出纳岗位的要求	1	1		
第二话　渐入佳境，发票填制	发票的概念和种类	2	1	1	
	发票的填制和审核	2	1	1	
第三话　略有小成，现金收付	现金的概述	1	1		
	现金鉴别与清点	2	1	1	
	收到现金处理	4	1	3	
	支付现金处理	4	1	3	
	现金月末处理	4	1	3	

续表

话	课程内容	学时分配			
		合 计	讲 授	实 训	机 动
第四话 圆转纯熟，银行结算	票据及结算凭证认购	2	1	1	
	银行收款处理	5	1	4	
	银行付款处理	5	1	4	
	银行存款月末处理	2	1	1	
第五话 已臻大成，工作交接	交接范围	1	1		
	交接程序	1	1		
机 动		5			5
总 计		42	15	22	5

本书由重庆市九龙坡职业教育中心瞿红、黄宗玲主编，刁文荣主审。参加本书编写的有重庆市九龙坡职业教育中心吴银春、刘晓丽、熊小平、肖玲、叶茂、甘信。

本书选材来自中小型企业，主要针对中职学生和初学者，不足之处在所难免，欢迎使用者批评指正。

编 者
2019 年 8 月

目　录

第三话　略有小成，现金收付

第四话　圆转纯熟，银行结算

第五话　已臻大成，工作交接

第一话
初学午练，走进出纳

本话学习要点

1. 了解出纳的概念。

2. 能解释出纳的工作职责和权限。

3. 了解出纳人员应具备的基本素养。

4. 能说出出纳的工作内容。

5. 了解出纳的日常事务。

[企业基本信息]

1. 九龙家具有限公司是一家从事家具生产及销售的企业，该公司主营业务范围为实木床、实木凳，以实木板、油漆等为主要原材料。

2. 该企业为增值税一般纳税人，增值税税率为 16%，所得税税率为 25%，运费发票按 10% 计算可抵扣增值税；按净利润的 10% 提取法定盈余公积，按 45% 向投资者分配利润。

3. 该企业注册资本为 300 万元（其中甘锦金、段非各占 50%）。开户银行：重庆农村商业银行九龙坡支行；账号：03-74936；纳税识别号：3235196；法定代表人：甘锦金；企业地址：重庆市九龙坡区科园路 12 号；办公电话：023-77777777。

4. 财务主管：黄林林；出纳：瞿彦；会计：甘静；保管员：叶子。

第一节 出纳介绍

一、出纳的概念

在社会中，随着货币及货币兑换业的出现，产生了出纳，"出"即支出，付出；"纳"即收入。"出纳"作为会计名词，有广义和狭义之分。

从广义上讲，票据、货币资金和有价证券的收付、保管、核算都属于出纳。它既包括各单位会计部门专设出纳机构的各项票据、货币资金、有价证券收付业务处理，又包括各单位业务部门的货币资金收付、保管等方面工作。

从狭义上讲，出纳仅指各单位会计部门专设的出纳岗位或出纳人员，按照有关法规和制度，从事本单位资金收付核算及现金、有价证券的保管等工作。

本书所称的出纳是指狭义的出纳。

二、出纳的职责

出纳是财务工作的主要环节，涉及现金收付、银行结算等活动，其职责主要包括：

1. 负责保管库存现金、有价证券以及银行存款，其账面记录和相应的实物必须相符。

2. 负责保管有关印鉴、银行票据和结算凭证，如财务专用章、收据、发票、支票、汇票、汇兑等。

3. 遵守各项收支标准，在业务收支范围内办理现金收付款业务和银行存款结算业务。

4. 负责登记现金、银行存款日记账，做到序时登记、日清月结、账实相符。

三、出纳的权限

根据《中华人民共和国会计法》（以下简称《会计法》）、《会计基础工作规范》等规章制度，出纳人员具有以下权限：

1. 维护财经纪律，执行财会制度，抵制不合法的收支和弄虚作假行为。

《会计法》是我国会计工作的根本大法，是会计人员必须遵循的重要法律。《会计法》第三章第十六条、第十七条、第十八条、第十九条中对会计人员如何维护财经纪律提出了具体规定。这些规定为出纳人员实行会计监督，维护财经纪律提供了法律保障。出纳人员应认真学习、领会、贯彻这些法规，充分发挥出纳工作的"关卡""前哨"作用，为维护财经纪律、抵制不正之风做出贡献。

2. 参与货币资金计划定额管理的权力。

出纳工作不是简单的货币资金收付，也不仅仅是钞票清点，其工作内容需和其他方面的工作联系处理。现金管理制度和银行结算制度是出纳人员开展工作时必须遵照执行的法规，而执行这些法规实际上赋予了出纳人员对货币资金管理的职权。例如，为了加强现金管理，要求各单位的库存现金必须限定在一定的范围内，多余的则要按规定送存银行，这便为银行部门利用社会资金进行有计划的放款提供了资金基础。

3. 管理与使用货币资金的权力。

出纳人员应抛弃被动工作观念，树立主动参与意识，把出纳工作放到整个会计工作、经济管理工作的大范围中。出纳工作每天和货币资金打交道，单位的一切货币资金往来都与出纳工作紧密联系，货币资金的来龙去脉和其周转速度的快慢，出纳人员都应清楚了解。因此，提出合理安排利用货币资金的意见和建议，及时提供货币资金的使用与周转信息，也是出纳人员义不容辞的责任。

第二节　出纳岗位的要求

一、出纳人员的素养

出纳人员具有收付、反映、管理、监督职能，其决定了出纳人员从事出纳工作除了必须具有相应的理论水平和技能水平外，还需具备财经人员必需的职业道德素养。

（一）任职要求

1. 了解国家财经政策和会计、税务法规，熟悉货币资金结算业务。

2. 计算机技能娴熟，能熟练使用各种财务工具、软件和办公软件。

3. 具备出纳基本技能，如点钞等。

4. 具有会计、财务等相关专业中专及中专以上学历。

5. 工作细致，作风严谨，具有良好的沟通能力和团队协作精神。

（二）职业道德素养

1. 爱岗敬业。要求出纳人员热爱本职工作，通过本职工作，在一定程度上和范围内做到全面发展，努力钻研业务，不断增长知识，提高专业技能，更好地履行出纳人员的工作职责。

2. 廉洁自律。廉洁自律是出纳人员的立业之本，是出纳人员职业道德的首要方面。出纳人员掌握着单位的货币资金，因此，要树立正确的人生观和价值观，经得起金钱、权力、美色的考验，不贪污挪用、监守自盗。

3. 客观公正。要求出纳人员态度端正，依法办事，实事求是，不偏不倚，保持应有的独立性。一是坚持用客观公正的态度来运用专业知识和专业技能从事出纳工作；二是按照会计法律、法规和国家统一会计制度规定的程序和要求从事出纳工作，保证提供的信息合法、真实、准确、及时、完整；三是保持应有的独立性，不受任何人、任何机构所左右。

4. 保守秘密。要求出纳人员应当保守本单位的商业秘密，除法律规定和单位领导同意外，不能私自向外界提供或泄露单位的会计信息。

二、出纳工作内容

出纳是会计部门的重要岗位，其工作内容主要包括：

（一）货币资金核算

1. 办理现金收付，严格按规定收付款项。

2. 办理各种银行结算，规范使用票据，禁止签发空白票据和空头支票。

3. 根据已经办理完毕的会计凭证，序时登记现金日记账和银行存款日记账，并结出余额，保证日清月结。

4. 妥善保管现金、有价证券、票据和印鉴等，确保其安全和完整。

（二）往来款项结算

1.办理往来结算，建立清算制度。对购销业务以外的各种应付、暂收款项，要建立清算手续制度，加强管理，及时清算。对确实无法收回和无法支付的款项，应查明原因，按照规定报经有关部门批准后处理。

2.管理企业备用金。实行备用金制度的企业，要核定备用金定额，及时办理领用和报销手续，加强管理。对预借的差旅费等款项，要督促其及时办理报销手续，收回余款，不得拖欠，不准挪用。

（三）工资结算

1.执行工资计划。根据批准的工资计划，会同单位人事部门，严格按照规定掌握工资薪金的支付，分析工资计划的执行情况。对于违反工资政策，滥发津贴、奖金的，要予以制止并向领导和有关部门报告。

2.发放工资奖金。根据实有职工人数、工资等级和工资标准，审核工资薪金计算表，办理代扣款项（包括缴纳个人所得税、社会保险等），发放工资。

3.反馈工资发放数据。与银行核对工资发放情况，会同人事等部门协助解决工资发放失败等问题，最后将工资发放数据、相关单据等提供给相关部门和人员。

（四）货币资金监督

出纳监督是依据国家有关的法律法规和企业的规章制度，在维护财经纪律、执行会计制度的工作权限内，坚决抵制不合法的收支和弄虚作假的行为。出纳在办理现金和银行存款各项业务时，严格按照相关法律法规进行，拒绝办理一切违反规定的业务，保证其工作的合法性、合理性，保护单位经济利益不受侵害。

三、出纳日常事务

根据出纳每天的工作事项，其主要事务包括：

1.每天上班应先检查库存现金、有价证券、印鉴及其他贵重物品是否完整无缺。

2.统筹安排当天工作，如库存现金不足要先到银行提取现金，如果当天有特殊情况，应及时向相关领导和财务相关负责人请示资金安排计划。

3.按规定办理现金和银行存款收付业务。

4. 在银行规定的现金解缴截止时间内送存超过库存现金限额的多余现金。

5. 根据审核无误的收、付款凭证，逐笔、序时登记现金日记账和银行存款日记账，每日终了，结出当日余额，做到日清月结。

6. 每天下班前，盘点库存现金，将现金实存数与现金日记账余额进行核对，做到账实相符，如果不符应查找原因并及时做出处理。

7. 检查现金、有价证券等是否存放于保险柜中并上锁，钥匙是否拔出。

8. 因特殊原因造成当天工作没有完成的，应该在第二天优先处理。

9. 每月终了，进行对账和结账，确保账证相符、账实相符和账账相符，并且结出日记账的发生额和余额。

10. 在对账、结账后，根据现金日记账、银行存款日记账等核算资料，编制资金月报表和出纳工作月报，并向有关部门提交。

资料链接

出纳员三字经

出纳员，很关键；
静头脑，清杂念。
业务忙，莫慌乱；
情绪好，态度谦。
取现金，当面点；
高警惕，出安全。
收现金，点两遍；
辨真假，免赔款。
支现金，先审单；
内容全，要会签。
收单据，要规范；
账外账，甭保管；
违法纪，又罚款。

（资料来源：黄孜，刘洪斌.出纳实务［M］.天津：南开大学出版社，2013.）

任务挑战

1. 谈谈你对出纳的认识。

2. 九龙家具有限公司近年来经营发展情况好，公司日常本位币和外币业务工作大量增加，财务室现有的两名出纳人员无法满足工作需要。于是，公司行政会决定招聘一名出纳人员。请你帮忙拟一份出纳人员的简要招聘要求及具体考核要求。

第二话
渐入佳境，发票填制

本话学习要点

    1. 了解发票的概念和种类。

    2. 能区分不同种类的发票。

    3. 能填制增值税专用发票和增值税普通发票。

    4. 能审核不同种类的发票。

第一节　发票的概念和种类

一、发票的概念

发票是指单位或个人在从事经营活动中，开具或收取的业务凭证，是会计核算的原始依据。

二、发票的种类

税务机关是发票主管机关，管理和监督发票的印制、领购、开具、取得、保管、缴销。目前税务机关发行的发票种类众多，主要包括增值税专用发票、增值税普通发票、增值税电子普通发票、增值税普通发票（卷票）、机动车销售统一发票、通用定额发票等。

（一）增值税专用发票

增值税专用发票是增值税一般纳税人销售货物或者提供应税劳务开具的发票，是购买方支付增值税额并可按有关规定据以抵扣进项税额的凭证。

增值税专用发票有三联：发票联、抵扣联和记账联。发票联是购买方的记账凭证；抵扣联是购买方报送税务机关认证和留存备查的凭证；记账联是销售方的记账凭证。

增值税专用发票票样如图 2-1 所示。

（二）增值税普通发票

增值税普通发票是增值税纳税人销售货物或者提供应税劳务、服务时，通过增值税税控系统开具的普通发票。

增值税普通发票分为二联票和五联票，第一联是记账联，销售方的记账凭证；第二联是发票联，购货方的扣税凭证；第三联至第五联由发票使用单位自行安排使用。

增值税普通发票票样如图 2-2 所示。

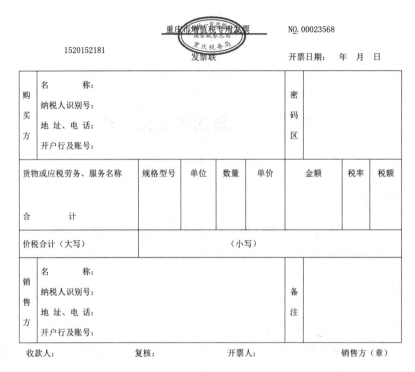

图 2-1 增值税专用发票票样

图 2-2 增值税普通发票票样

（三）增值税电子普通发票

增值税电子普通发票自 2015 年 8 月 1 日起，在北京、上海、浙江和深圳开展增值税电子发票的试运行工作；非试点地区，自 2016 年 1 月 1 日起使用增值税电子发票系统开具增值税电子普通发票。

增值税电子普通发票票样如图 2-3 所示。

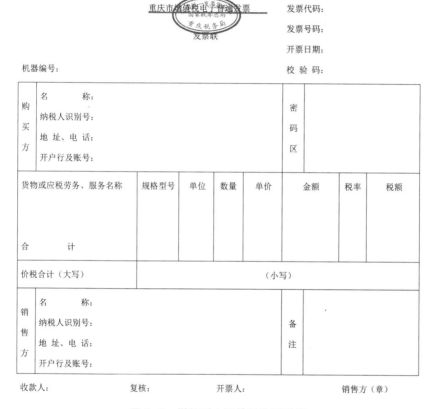

图 2-3　增值税电子普通发票票样

（四）增值税普通发票（卷票）

增值税普通发票（卷票）由纳税人自愿选择使用，重点在生活服务业纳税人中推广使用。

增值税普通发票（卷票）只有一联，即"发票联"。

增值税普通发票（卷票）票样如图 2-4 所示。

图 2-4 增值税普通发票（卷票）票样

（五）机动车销售统一发票

凡从事机动车零售业务的单位和个人，从 2006 年 8 月 1 日起，在销售机动车（不包括销售旧机动车）收取款项时应开具机动车销售统一发票。

机动车销售统一发票为电脑六联式发票，包括发票联、抵扣联、报税联、注册登记联、记账联和存根联。

机动车销售统一发票票样如图 2-5 所示。

机动车销售统一发票

发　票　联

发票代码　000000020000

发票号码　00000000

开票日期：　年　月　日

机打代码 机打号码 机器编号		税 控 码	
购买方名称 及身份证号 码／组织机 构代码		纳税人识别号	
车辆类型	厂牌型号		产 地
合格证号	进口证明书号	商检单号	
发动机号码	车辆识别代号／车 架号码		
价税合计		小写	
销货单位名称		电话	
纳税人识别号		账号	
地址		开户银行	
增值税税率 或征收率	增值税税额	主管税务机关 及代码	
不含税价	小写	完税凭证号码	吨位	限乘人数

销货单位盖章　　　　　　　　　　开票人　　　　　　备注：一车一票

图 2-5　机动车销售统一发票票样

（六）通用定额发票

通用定额发票是指经营单位凭税务登记证向税务机关购买，并在规定时间内交纳税金的发票。目前有 1 元、2 元、5 元、10 元、20 元、50 元等面额。

通用定额发票票样如图 2-6 所示。

重庆市国家税务局通用定额发票

重庆市政发通一卡通有限公司

发 票 联

发 票 代 码　00000000000

发 票 号 码　00000000

密码：

伍拾元整

（加盖发票专用章有效）

图 2-6　通用定额发票票样

第二节　发票的填制和审核

一、发票的填制

企业在销售业务发生时，会开具与销售有关的原始凭证，用于办理收款和证明销售业务已发生。与销售有关的原始凭证包括企业销售过程中最常见的销售发票、托收凭证以及企业内部填制的产品出库单、销售单等。

增值税发票在企业经营活动中是最常见、最重要的一种发票。

（一）增值税专用发票的填制

1. 填写开票日期。

2. 填写购买方的相关信息，如购买方的名称、纳税人识别号、地址、电话和开户行及账户。填写时单位名称必须详细填写，不得简写。

3. 填写销售业务的具体内容，如货物或应税劳务、服务名称、规格型号、单位、数量、单价、金额、税率和税额。填写时在"金额""税额"栏合计（小写）数前用"¥"符号封顶，在"价税合计（大写）"栏大写合计数前用"⊗"符号封顶。

4. 填写销售方的相关信息，如销售方的名称、纳税人识别号、地址、电话和开户行及账户。填写时单位名称必须详细填写，不得简写。

5. 填写相关人员的信息。

6. 每一联都要盖章，盖在右下角的销售方盖章的位置，注意不要盖住金额。

7. 发票右上方密码区填写每一张增值税专用发票相对应的密码。

现在企业都是通过"税控系统"机打开具增值税专用发票，步骤和注意事项与手工填制完全一致。

增值税专用发票完整样票样如图 2-7 所示。

图 2-7　增值税专用发票完整票样

（二）增值税普通发票的填制

增值税普通发票的填制步骤与增值税专用发票的填制步骤一致。

（三）发票的开具要求

根据《中华人民共和国发票管理办法实施细则》（国家税务总局令第37 号）第二十八条：单位和个人在开具发票时，必须做到按照号码顺序填开，填写项目齐全，内容真实，字迹清楚，全部联次一次打印，内容完全一致，并在发票联和抵扣联加盖发票专用章。

二、发票的审核

发票作为税务机关执法检查的重要依据，收到发票时一定要认真审核，以免出现不真实、不合法、不完整的发票。

1. 注意发票的票面是否有涂改或者看不清楚的地方，特别注意审核金额。

2. 发票日期是审核发票的一个重要依据，注意发票日期是否超过认证期限。

3. 认真核对发票的抬头，检查企业的信息与税务登记（证）上面的信息是否一致。

4. 审核发票时，检查发票专用章是否正确。

5. 根据发票信息，登录国家税务局网站进行查询，查验发票的真实性和有效性。

任务挑战

任务描述： 根据第一话中的企业基本信息，完成九龙家具有限公司以下业务的增值税专用发票填制（如图 2-8 所示）和审核（如图 2-9 所示）。

1. 2018 年 12 月 25 日，九龙家具有限公司向红星建材有限公司销售型号为 45 cm × 6 cm × 1.6 cm 的实木地板 160 m^2，单价 100 元 /m^2，增值税税率 16%，货款已收到存入银行。增值税专用发票相对应的密码为 57 ＜ 2*1/227 ＜ 0+1292 ＜ 4*599。

购买方单位信息如下：

单位名称：红星建材有限公司

纳税人识别号：4567896

地址、电话：重庆市九龙坡区白市驿白新路 5 号 023-67676767

开户行及账号：中国建设银行白市驿支行 07-81527

提示：增值税发票一般设置有密码，本书中涉及发票密码时，仅在此处存在，其他章节略。

2. 九龙家具有限公司会计人员甘静收到一张报销发票，如图 2-9 所示，审核该发票，如有问题，请指出并改正。

提示：增值税发票现一般设置有二维码,本书中涉及发票二维码时,仅在此处存在,其他章节略。

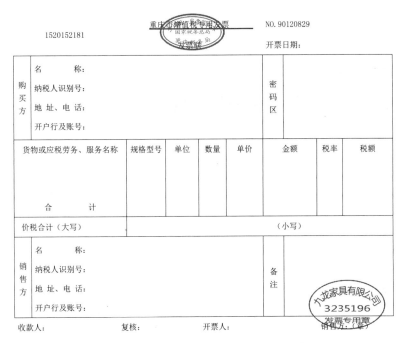

图 2-8　增值税专用发票开具

图 2-9　报销发票审核

第三话
略有小成，现金收付

本话学习要点

1. 掌握现金的使用范围。

2. 了解现金的管理要求。

3. 掌握现金的真伪鉴别方法。

4. 熟悉现金收付具体业务的操作方法。

5. 能熟练进行现金盘点和期末现金日记账结账工作。

第一节　现金的概述

一、现金的概念

广义的现金是指库存现金、银行存款以及其他货币资金；狭义的现金仅指库存现金，包括库存人民币和外币，它是流通性最强的货币资金。

本书中的现金是指存放于单位财务部门，由出纳人员管理的货币资金，分为库存人民币纸币和硬币两种。

二、现金的使用范围

根据《现金管理暂行条例》规定，开户单位可以在下列范围内使用现金：

1. 职工工资、津贴。

2. 个人劳务报酬。

3. 根据国家规定颁发给个人的科学技术、文化艺术、体育等各种奖金。

4. 各种劳保、福利费用以及国家规定的对个人的其他支出。

5. 向个人收购农副产品和其他物资的价款。

6. 出差人员必须随身携带的差旅费。

7. 结算起点以下的零星支出。

8. 中国人民银行确定需要支付现金的其他支出。

前款结算起点定为 1 000 元。结算起点的调整，由中国人民银行确定，报国务院备案。

三、现金的管理要求

（一）库存现金限额管理要求

库存现金限额是保证各单位日常零星支出按规定允许留存的现金的最高数额。

开户单位根据其经济业务的发展要求确定库存现金的数量，并向开户银行提出申请，填写"库存现金限额申请批准书"，单位负责人签章后交由银行审批，最终以银行审批金额为准。

（二）库存现金收支管理要求

1. 单位不得出现坐支、收支两条线完成。所谓"坐支"现金是指企业从本单位的现金收入中直接用于现金支出。

2. 企业严格遵守库存现金的管理规定，不准用单位收入的现金以个人名义存储，不准保留账外公款，不得设置"小金库"等。

3. 不准用不符合制度的凭证顶替库存现金，即不得"白条顶库"。

4. 不准谎报用途套取现金。

5. 不准用银行账户代其他单位和个人存入或支取现金。

6. 《现金管理暂行条例》规定的其他现金收支管理要求。

（三）内部牵制制度

出纳人员不得兼任稽核、会计档案保管和收入、支出、费用、债权债务账目的登记工作。因此，会计机构要建立内部牵制制度，如非出纳人员，不能办理现金、银行收付业务；银行票据和结算凭证应与银行预留印鉴分别管理。

第二节　现金鉴别与清点

一、现金鉴别

鉴别和清点现金是出纳必备技能，本节以第五套人民币纸币为例，从"看、摸、听、测"来介绍如何鉴别现金真伪。

（一）看：观察

用眼睛观察纸币的颜色、图案、字样等来辨别真伪，主要内容如下：

1. 安全线。真币的安全线是一条金属线，可以从纸币中抽离，并且上面有对应的币值符号和面额字样，如"¥100"，清晰可见。假币的安全线直接放置于纸张的夹层或印刷于表面，与纸张的结合性较差。

2. 水印。纸币的水印位于左边空白位置，迎光透视，均可看到纸币中有层次丰富、立体感强的人像或花卉固定水印和面值水印。而假币迎光透视时，水印不明显或者不清晰，无立体感，图像失真。

3. 颜色和阴阳互补对印图案。真币的颜色齐全、色调柔和、色泽美观，阴阳互补图案完整；而假币的图案重合，有线条错位现象。

4. 隐形面额数字。纸币隐形面额数字处于纸币正面右上方的装饰性图案中，将纸币置于与眼睛接近平行的位置，面对光源做上下倾斜晃动时，可看到面额字样。

（二）摸：感觉

用手指触摸纸币的感觉来分辨真伪。

1. 摸纸张。纸币是采用专用纸张印制的，其手感光滑，厚薄均匀，耐折，耐揉搓。

2. 摸凹凸感。真币的人像、盲文点、"中国人民银行"字样等处用手指抚摸时，凹凸感强；假币多采用胶版印刷，平滑无凹凸感。

（三）听：声音

用纸币抖动时发出的声音来辨别真伪。

真币纸张不易撕坏，用手抖动、手指轻弹会发出清脆响亮的声音；而假币发出声音比较沉闷。

（四）测：检测

用工具检测纸币，如放大镜、专门的鉴别仪器（如用紫外灯光来鉴别纸币的真伪），也可以直接使用验钞机检验。

二、现金清点

现金管理必须做到日清月结，及时准确清点，具体程序如下：

1. 每日上班时，应先复核保险柜中库存现金数额与现金日记账余额，确保二者相等。

2. 完成当日现金日记账登记，结出当日余额。

3. 清点保险柜中库存现金数额。清点时，不同面值、纸币硬币分开清点，并挑出残损纸币，辨别纸币真伪。

4. 核对保险柜中库存现金数额与现金日记账余额是否相等，如不等，及时查明原因，并向相关领导报告。

第三节 收到现金处理

通过学习九龙家具有限公司 2019 年 1 月发生的收到现金业务处理，掌握收到押金、取备用金、收到货款等具体现金业务的处理方法。

一、收到押金

【例 3-1】2019 年 1 月 1 日，九龙家具有限公司出租 UV-301 型号雕刻机一台，收到押金 2 000 元。

具体操作步骤：

①出纳审核设备租赁合同，如图 3-1 所示。

设备租赁合同

合同编号 3001

承租单位（甲方） 南方家具有限责任公司

出租单位（乙方） 九龙家具有限公司

根据《中华人民共和国合同法》及国家相关法律、法规之规定，甲乙双方本着平等互利的原则，就甲方承租乙方设备一事达成以下协议。

一、租赁期限

（一）设备租赁期自 <u>2019年1月1日</u> 至 <u>2019年12月31日</u> ，共计 <u>12</u> 个月。

（二）租赁期满或合同解除后，乙方有权收回设备（雕刻机，型号UV-301），甲方应于 <u>2020</u> 年 <u>1</u> 月 <u>15日</u> 之前将设备返还乙方。

（三）甲方继续承租的，应提前一个月向乙方提出续租要求，协商一致后双方重新签订设备租赁合同。

二、租金及押金

（一）租金标准：月付（每月：<u>500</u> 元），设备押金：2 000元，待合同期满或特殊情况导致的合同结束，甲方退租后返还。

（二）支付方式：押金支持现金方式，租金支持银行汇款或网银转账方式，每月2日前一周支付下一月租金。

三、未尽事宜经双方协商可作补充协议，与本合同具有同等效力。

四、本合同自双方签字、盖章之日起生效；本合同壹式贰份，甲乙双方各执壹份。

甲方（签章）　　　　　　　　　　　　　　　乙方（签章）

授权代表：韩寒　　　　　　　　　　　　　　授权代表：范俊

地　　址： 重庆市南岸区学府路2号　　　　　地　　址：重庆市九龙坡区科园路12号

电　　话： 023-96969696　　　　　　　　　电　　话：023-77777777

日　　期： <u>2018</u> 年 <u>12</u> 月 <u>15日</u>　　　　　日　　期：<u>2018</u> 年 <u>12</u> 月 <u>15日</u>

图 3-1 设备租赁合同

②出纳审核合同后开具收款收据，核对收据金额和实收现金数目，无误后在收据上加盖"现金收讫"章，如图 3-2 所示。

收 款 收 据　　　　　NO：000301

2019年1月1日

今收到　南方家具有限责任公司	
人民币　贰仟元整	￥2000.00
系付　UV-301型号雕刻机租赁押金	现金收讫

单位盖章　3235196　财务专用章　会计 甘静　　　　出纳 瞿彦　　　　收款人 瞿彦

第二联 记账联

图 3-2　收款收据

③出纳将合同和收款收据移交给会计，会计审核并填制记账凭证，出纳审核记账凭证，并在记账凭证上签字，如图 3-3 所示。

提示：出纳仅需在涉及"库存现金"或"银行存款"科目的记账凭证上签字。

记账凭证

2019 年 1 月 1 日　　　　　记字第 1 号

摘　要	总 账 科 目	明 细 科 目	借 方 金 额											贷 方 金 额											√
			百	十	万	千	百	十	元	角	分		百	十	万	千	百	十	元	角	分		
收到押金	库存现金					2	0	0	0	0	0												
收到押金	其他应付款															2	0	0	0	0	0		
附件　1　张	合 计 金 额					￥	2	0	0	0	0	0				￥	2	0	0	0	0	0	

会计主管　　　　会计　　　　出纳 瞿彦　　　　制单 甘静

图 3-3　记账凭证

④出纳根据记账凭证登记现金日记账簿，结出现金本日合计和余额，如图 3-4 所示。

现金日记账

单位：元

2019年		凭证号	摘要	对方科目	借方	贷方	方向	余额
月	日							
1	1		上年结转				借	5 000.00
1	1	记-1	收到押金	其他应付款	2 000.00		借	7 000.00
1	1		本日合计		2 000.00		借	7 000.00

图 3-4　现金日记账

二、取备用金

【例3-2】2019年1月2日,九龙家具有限公司取备用金3 000元用于日常零星开支。

具体操作步骤:

①出纳填制现金支票正面信息,包括出票日期、收款人名称、金额、用途等项目,加盖财务专用章,如图3-5所示。

提示:存根联和正联项目均要填写齐全,字迹清晰,不能涂改。

图3-5　填制现金支票

②出纳填制现金支票背面的出纳身份信息,加盖财务专用章,如图3-6所示。

图3-6　填制现金支票背面信息

③出纳将现金支票移交单位负责人,单位负责人审核现金支票填写项目,并签章,如图3-7、图3-8所示。

图 3-7　单位负责人审核正面

提示：现金支票用于本单位取现时，正面和背面均需加盖银行预留印章。

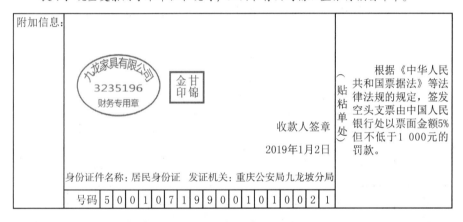

图 3-8　单位负责人审核背面

④出纳携带支票正联到银行现金业务柜台办理现金支取，同时将存根联传递给会计，如图 3-9 所示。

图 3-9　存根联

⑤会计审核现金支票存根联项目，无误后填制记账凭证，出纳审核记账凭证，并在记账凭证上签字，如果3-10所示。

记账凭证

2019 年 1 月 2 日　　　　　　记字第 2 号

摘 要	总 账 科 目	明 细 科 目	借 方 金 额										贷 方 金 额										√
			百	十	万	千	百	十	元	角	分	百	十	万	千	百	十	元	角	分	
取备用金	库存现金					3	0	0	0	0	0										
取备用金	银行存款														3	0	0	0	0	0	
附件　1　张	合 计 金 额					¥	3	0	0	0	0	0			¥	3	0	0	0	0	0	

会计主管　　　　　　会计　　　　　　出纳 瞿彦　　　　　制单 甘静

图 3-10　填制记账凭证

⑥出纳根据记账凭证登记现金日记账，结出现金本日合计和余额，如图3-11所示。

现金日记账

单位：元

2019年		凭证号	摘要	对方科目	借方	贷方	方向	余额
月	日							
1	1		上年结转				借	5 000.00
1	1	记-1	收到押金	其他应付款	2 000.00		借	7 000.00
			本日合计		2 000.00	—	借	7 000.00
1	2	记-3	取备用金	银行存款	3 000.00		借	10 000.00
			本日合计		3 000.00	—	借	10 000.00

图 3-11　登记现金日记账

三、收到货款

【例3-3】2019 年 1 月 3 日，九龙家具有限公司销售实木凳 10 张，单价 75 元，收到货款 870 元。

具体操作步骤：

①出纳开具增值税专用发票，核对发票金额和实收现金数目是否一致，然后在增值税专用发票记账联上加盖"现金收讫"章，将增值税专用发票的发票联交给购买方，如图3-12所示。

图 3-12 开具增值税专用发票

②出纳将增值税专用发票记账联移交给会计，会计审核发票并填制记账凭证，出纳审核记账凭证，并在记账凭证上签字，如图 3-13 所示。

记账凭证

2019 年 1 月 3 日　　　　　　记字第 4 号

摘要	总账科目	明细科目	借方金额										贷方金额										√
			百	十	万	千	百	十	元	角	分	百	十	万	千	百	十	元	角	分	
收到货款	库存现金						8	7	0	0	0										
收到货款	主营业务收入														7	5	0	0	0	
收到货款	应交税费	应交增值税（销项税额）														1	2	0	0	0	
附件 1 张	合 计 金 额					¥	8	7	0	0	0				¥	8	7	0	0	0	

会计主管　　　　　　会计　　　　　　出纳　瞿彦　　　　　　制单 甘静

图 3-13 填制记账凭证

③出纳根据记账凭证登记现金日记账，结出现金本日合计和余额，如图 3-14 所示。

现金日记账

单位：元

2019年		凭证号	摘要	对方科目	借方	贷方	方向	余额
月	日							
1	1		上年结转				借	5 000.00
1	1	记-1	收到押金	其他应付款	2 000.00		借	7 000.00
			本日合计		2 000.00	—	借	7 000.00
1	2	记-3	取备用金	银行存款	3 000.00		借	10 000.00
			本日合计		3 000.00	—	借	10 000.00
1	3	记-4	销售实木凳	主营业务收入	870.00		借	10 870.00
			本日合计		870.00	—	借	10 870.00

图 3-14 登记现金日记账

第四节 支付现金处理

通过学习九龙家具有限公司 2019 年 1 月发生的支付现金业务处理，掌握预借差旅费、支付办公费、支付押金等具体现金业务处理的方法。

一、预借差旅费

【例 3-4】2019 年 1 月 10 日，九龙家具有限公司采购员卢——赴武汉开采购会议，预借差旅费 1 000 元。

具体操作步骤：

①出纳审核采购员卢——的借款单，如项目是否填写齐全、相关领导是否签字等，如图 3-15 所示。

借　款　单　　　　　　NO：000304

2019年1月10日

借款人：**卢一一**	所属部门：**采购部**
借款用途：**出差借款**	
借款金额：人民币（大写）壹仟元整　　　　　¥1 000.00	
部门负责人审批：**同意** 〔国王印家〕	借款人（签章）：〔卢印一〕
财务部门审批：**同意** 〔林黄印林〕	
单位负责人批示：**同意** 〔金甘印娲〕	
核销记录：	

图 3-15　借款单

②出纳人员付款，并在借款单上加盖"现金付讫"章，如图 3-16 所示。

借　款　单　　　　　　NO：000304

2019年1月10日

借款人：**卢一一**	所属部门：**采购部**
借款用途：**出差借款**	
借款金额：人民币（大写）壹仟元整　　　　　¥1 000.00	
部门负责人审批：**同意** 〔国王印家〕	借款人（签章）：〔卢印一〕
财务部门审批：**同意** 〔林黄印林〕	现金付讫
单位负责人批示：**同意** 〔金甘印娲〕	
核销记录：	

图 3-16　加盖"现金付讫"章

③出纳将借款单交给会计，会计审核并填制记账凭证，出纳审核记账凭证，并在记账凭证上签字，如图 3-17 所示。

记账凭证

2019 年 1 月 10 日 　　　　　记字第 5 号

摘要	总账科目	明细科目	借方金额										贷方金额										√
			百	十	万	千	百	十	元	角	分	百	十	万	千	百	十	元	角	分		
预借差旅费	其他应收款	卢——			1	0	0	0	0	0											
预借差旅费	库存现金													1	0	0	0	0	0	
附件 1 张	合 计 金 额				¥	1	0	0	0	0	0			¥	1	0	0	0	0	0	

会计主管　　　　　会计　　　　　出纳　瞿彦　　　　　制单 甘静

图 3-17　填制记账凭证

④出纳根据记账凭证登记现金日记账簿，结出现金本日合计和余额，如图 3-18 所示。

现金日记账

单位：元

2019年		凭证号	摘要	对方科目	借方	贷方	方向	余额
月	日							
1	1		上年结转				借	5 000.00
1	1	记-1	收到押金	其他应付款	2 000.00		借	7 000.00
			本日合计		2 000.00	—	借	7 000.00
1	2	记-3	取备用金	银行存款	3 000.00		借	10 000.00
			本日合计		3 000.00	—	借	10 000.00
1	3	记-4	销售实木凳	主营业务收入	870.00		借	10 870.00
			本日合计		870.00	—	借	10 870.00
1	10	记-5	预借差旅费	其他应收款		1 000.00	借	9 870.00
			本日合计		—	1 000.00	借	9 870.00

图 3-18　登记现金日记账

二、支付办公费

【例 3-5】2019 年 1 月 20 日，办公室购买 A4 打印纸 10 箱，支付现金 928 元。

具体操作步骤：

①出纳审核办公用品采购发票，如图 3-19 所示。

图 3-19　审核发票

②出纳支付款项，并在发票上加盖"现金付讫"章，如图 3-20 所示。

重庆市增值税专用发票

1100121161					NO: 90120320			
			发票联		开票日期：2019年01月20日			
购买方	名　　称：九龙家具有限公司 纳税人识别号：3235196 地址、电话：重庆市九龙坡区科园路12号023-77777777 开户行及账号：重庆农村商业银行九龙坡支行03-74936				密码区			
货物或应税劳务、服务名称	规格型号	单位	数量	单价	金额	税率	税额	
打印纸	A4	箱	10	80.00	800.00	16%	128.00	
合　　计		现金付讫			¥ 800.00		¥ 128.00	
价税合计（大写）	⊗玖佰贰拾捌圆整				（小写）¥ 928.00			
销售方	名　　称：重庆辰光办公用品行 纳税人识别号：3546582 地址、电话：重庆市九龙坡区杨新路34号023-45653213 开户行及账号：中国工商银行九龙坡支行688988				备注			
收款人：王方　　　复核：石柳　　　开票人：　　　王方　　　销售方（章）								

图 3-20　加盖"现金付讫"章

③出纳发票移交给会计，会计审核并填制记账凭证，出纳审核记账凭证，并在记账凭证上签字，如图 3-21 所示。

记账凭证

2019 年 1 月 20 日 　　　　　记字第 13 号

摘要	总账科目	明细科目	借方金额									贷方金额									√
			百	十	万	千	百	十	元	角	分	百	十	万	千	百	十	元	角	分	
购买A4打印纸	管理费用	办公费					9	2	8	0	0										
购买A4打印纸	库存现金															9	2	8	0	0	
附件 1 张	合 计 金 额					¥	9	2	8	0	0				¥	9	2	8	0	0	

会计主管　　　　　会计　　　　出纳 瞿彦　　　　制单 甘静

图 3-21　填制记账凭证

④出纳根据记账凭证登记现金日记账，结出现金本日合计和余额，如图 3-22 所示。

现金日记账

单位：元

2019年		凭证号	摘要	对方科目	借方	贷方	方向	余额
月	日							
1	1		上年结转				借	5 000.00
1	1	记-1	收到押金	其他应付款	2 000.00		借	7 000.00
			本日合计		2 000.00	—	借	7 000.00
1	2	记-3	取备用金	银行存款	3 000.00		借	10 000.00
			本日合计		3 000.00	—	借	10 000.00
1	3	记-4	销售实木凳	主营业务收入	870.00		借	10 870.00
			本日合计		870.00	—	借	10 870.00
1	10	记-5	预借差旅费	其他应收款		1 000.00	借	9 870.00
			本日合计		—	1 000.00	借	9 870.00
1	20	记-13	购买A4打印纸	管理费用		928.00	借	8 942.00
			本日合计		—	928.00	借	8 942.00

图 3-22　登记现金日记账

三、支付押金

【例 3-6】2019 年 1 月 30 日，九龙家具有限公司支付 2019 年房屋租赁押金 500 元。

具体操作步骤：

①出纳审核房屋租赁合同和收款收据，支付押金，并在收到的收款收据上加盖"现金付讫"章，如图 3-23、图 3-24 所示。

房屋租赁合同

合同编号：3006

承租单位（甲方）：九龙家具有限公司
出租单位（乙方）：重庆盛科房地产有限公司

根据《中华人民共和国合同法》及国家相关法律、法规之规定，甲乙双方本着平等互利的原则，就甲方承租乙方设备一事达成以下协议。

一、租赁期限

（一）房屋租赁期自 2019年1月1日 至 2024年12月31日 ，共计 72 个月。

（二）租赁期满或合同解除后，乙方有权收回房屋，甲方应于 2025 年 1月 25日 之前将房屋返还乙方。

（三）甲方继续承租的，应提前一个月向乙方提出续租要求，协商一致后双方重新签订租赁合同。

二、租金及押金

（一）租金标准：月付（每月： 5000 元），房屋押金共500元，待合同期满或特殊情况导致的合同结束，甲方退租后返还。

（二）支付方式：押金支持现金方式，租金支持银行汇款或网银转账方式，每月30日支付本月租金。

三、未尽事宜经双方协商可作补充协议，与本合同具有同等效力。

四、本合同自双方签字、盖章之日起生效；本合同壹式贰份，甲乙双方各执壹份。

甲方（签章）	九龙家具有限公司 ★	乙方（签章）	重庆盛科房地产有限公司 ★
授权代表	范俊	授权代表	李焜
地 址：	重庆市九龙坡区科园路12号	地 址：	重庆市九龙坡区科园路102号
电 话：	023-77777777	电 话：	023-77788886
日 期：	2019 年 1 月 30 日	日 期：	2019 年 1 月 30 日

图 3-23 审核合同

收 款 收 据

NO：001058

2019年1月30日

今收到 九龙家具有限公司	
人民币 伍佰元整	￥500.00
系付 房屋租赁押金	现金付讫

单位盖章 ★　　会计 谢翔　　　出纳 文燕　　　收款人 文燕

图 3-24 在收据上加盖"现金付讫"章

　　②出纳将合同和收款收据移交给会计，会计审核并填制记账凭证，出纳审核记账凭证，并在记账凭证上签字，如图 3-25 所示。

记账凭证

2019 年 1 月 30 日   记字第 17 号

摘 要	总账科目	明细科目	借 方 金 额										贷 方 金 额										√
			百	十	万	千	百	十	元	角	分	百	十	万	千	百	十	元	角	分	
支付房屋押金	其他应收款						5	0	0	0	0										
支付房屋押金	库存现金															5	0	0	0	0	
附件 1 张	合 计 金 额					¥	5	0	0	0	0				¥	5	0	0	0	0	

会计主管   会计   出纳 瞿彦   制单 甘静

图 3-25 填制记账凭证

③出纳根据记账凭证登记现金日记账簿，结出现金本日合计和余额，如图 3-26 所示。

现金日记账

单位：元

2019年		凭证号	摘要	对方科目	借方	贷方	方向	余额
月	日							
1	1		上年结转				借	5 000.00
1	1	记-1	收到押金	其他应付款	2 000.00		借	7 000.00
			本日合计		2 000.00	—	借	7 000.00
1	2	记-3	取备用金	银行存款	3 000.00		借	10 000.00
			本日合计		3 000.00	—	借	10 000.00
1	3	记-4	销售实木凳	主营业务收入	870.00		借	10 870.00
			本日合计		870.00	—	借	10 870.00
1	10	记-5	预借差旅费	其他应收款		1 000.00	借	9 870.00
			本日合计		—	1 000.00	借	9 870.00
1	20	记-12	购买A4打印纸	管理费用		928.00	借	8 942.00
			本日合计		—	928.00	借	8 942.00
1	30	记-17	支付房屋押金	其他应收款		500.00	借	8 442.00
			本日合计		—	500.00	借	8 442.00

图 3-26 登记现金日记账

第五节 现金月末处理

通过学习现金清查步骤和结果处理，掌握九龙家具有限公司现金清查的具体处理和月末结账方法。

一、现金清查

（一）现金清查方法

现金清查方法一般采用突击盘点法。在清查日，盘点现金库存数额，并与库存现金日记账账面结存余额核对。

（二）现金清查步骤

1. 设置现金日记账。
2. 根据审核无误的会计凭证登记现金日记账。
3. 结出现金日记账的收入合计、支出合计和余额。
4. 盘点库存现金，填写库存现金盘点表。
5. 核对账存数和实存数。
6. 查找账实不符原因，并上报领导。
7. 账实不符结果处理。

二、现金清查结果处理

库存现金清查后，应根据清查结果填制"现金盘点报告表"，凡现金实存数大于账存数，称为现金长款（即，现金盘盈）；现金实存数小于账存数称为现金短款（即，现金盘亏）。

（一）现金长款处理

报告领导批准前：借方记入"库存现金"，贷方记入"待处理财产损溢"。

报告领导批准后，如查明属于记账错误、丢失单据等，应及时更正错账或补办手续；如查明属于少付他人，则应查明退还原主，记入"其他应付款"；如确实无法退还，应经过一定审批手续作为单位利得，记入"营业外收入"。

（二）现金短款处理

报告领导批准前：借方记入"待处理财产损溢"，贷方记入"库存现金"。

报告领导批准后，如查明属于记账错误应及时更正错账；如查明属于出纳员工作疏忽，应按规定由过失人赔偿，记入"其他应收款"；如确实无法查明原因，则记入"管理费用"。

【例 3-7】2019 年 1 月 31 日，清查小组对九龙家具有限公司现金进行盘点，盘查结果，如图 3-27 所示。

现金日记账

单位：元

2019年		凭证号	摘要	对方科目	借方	贷方	方向	余额
月	日							
1	1		上年结转				借	5 000.00
1	1	记-1	收到押金	其他应付款	2 000.00		借	7 000.00
			本日合计		2 000.00	—	借	7 000.00
1	2	记-3	取备用金	银行存款	3 000.00		借	10 000.00
			本日合计		3 000.00	—	借	10 000.00
1	3	记-4	销售实木凳	主营业务收入	870.00		借	10 870.00
			本日合计		870.00	—	借	10 870.00
1	10	记-5	预借差旅费	其他应收款		1 000.00	借	9 870.00
			本日合计		—	1 000.00	借	9 870.00
1	20	记-12	购买A4打印纸	管理费用		928.00	借	8 942.00
			本日合计			928.00	借	8 942.00
1	30	记-17	支付房屋押金	其他应收款		500.00	借	8 442.00
			本日合计			500.00	借	8 442.00

图 3-27　现金日记账

具体操作步骤：

①盘点人员对库存现金进行盘点，发现账实不符（原因：出纳员瞿彦粗心），编制库存现金盘点表，相关责任人签字，并上报领导，如图 3-28 所示。

库存现金盘点表

单位名称：九龙家具有限公司　盘点日期：2019年1月31日

现金清点情况			账目核对	
面额	张数	金额	项目	金额
100元	80	8 000.00	盘点日账户余额	8 442.00
50元	6	300.00	加：收入未入账	
20元				
10元	9	90.00	加：未填凭证收款据	
5元	1	5.00		
2元				
1元	2	2.00	减：付出凭证未入账	
5角			减：未填凭证付款据	
2角				
1角				
5分			调整后现金余额	8 442.00
2分			实点现金	8 397.00
1分			长款	
合　计		8 397.00	短款	45.00
调整事项处理意见：系出纳员瞿彦工作疏忽造成。				
盘点人：张彦、李丽洁　　　　出纳员：瞿彦　　　主管会计：黄林林				
单位负责人：　　　　　　　　结果处理意见：				

图 3-28　编制库存现金盘点表

②制单人员根据库存现金盘点表，编制记账凭证，出纳在记账凭证上签字，如图3-29所示。

记账凭证

2019 年　1 月　31 日　　　　　　记字第 50 号

摘　要	总账科目	明细科目	借 方 金 额										贷 方 金 额										√
---	---	---	百	十	万	千	百	十	元	角	分	百	十	万	千	百	十	元	角	分	
现金短款	待处理财产损溢							4	5	0	0										
现金短款	库存现金																4	5	0	0	
附件　1　张	合 计 金 额						¥	4	5	0	0					¥	4	5	0	0	

会计主管　　　　　会计　　　　　出纳　瞿彦　　　　制单　甘静

图 3-29　编制记账凭证

③领导审批，并签署处理意见：短款由出纳人员赔偿，如图3-30所示。

库存现金盘点表

单位名称：九龙家具有限公司　盘点日期：2019年1月31日

现金清点情况			账目核对	
面额	张数	金额	项目	金额
100元	80	8 000.00	盘点日账户余额	8 442.00
50元	6	300.00	加：收入未入账	
20元				
10元	9	90.00	加：未填凭证收款据	
5元	1	5.00		
2元				
1元	2	2.00	减：付出凭证未入账	
5角			减：未填凭证付款据	
2角				
1角				
5分			调整后现金余额	8 442.00
2分			实点现金	8 397.00
1分			长款	
合　　计		8 397.00	短款	45.00

调整事项处理意见：**系出纳员瞿彦工作疏忽造成。**

盘点人：**张彦、李丽洁**　　　　出纳员：**瞿彦**　主管会计：**黄林林**

单位负责人：**甘锦金**　　　　　结果处理意见：**出纳瞿彦赔偿**

图 3-30　签署处理意见

④会计根据领导审批意见，填制记账凭证，如图3-31所示。

记账凭证

2019 年 1 月 31 日　　　　　　　　记字第 51 号

摘　要	总账科目	明细科目	借 方 金 额										贷 方 金 额										√
			百	十	万	千	百	十	元	角	分	百	十	万	千	百	十	元	角	分	
现金短款处理	其他应收款	瞿彦						4	5	0	0										
现金短款处理	待处理财产损溢																4	5	0	0	
附件　1　张		合 计 金 额					¥	4	5	0	0					¥	4	5	0	0	

会计主管　　　　　　　会计　　　　　　出纳　　　　　　　　　制单 甘静

图 3-31　填制记账凭证

⑤收到赔款时，出纳开具收据，核对收据金额和实收款数目是否一致，并加盖"现金收讫"章，如图 3-32 所示。

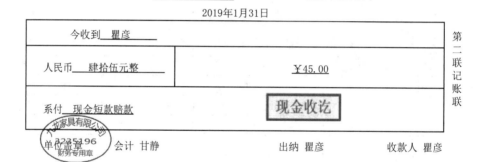

图 3-32　开具收据

⑥出纳将收款收据移交给会计，会计填制记账凭证，出纳审核记账凭证，并在记账凭证上签字，如图 3-33 所示。

记账凭证

2019 年 1 月 31 日　　　　　　　　记字第 52 号

摘　要	总账科目	明细科目	借 方 金 额										贷 方 金 额										√
			百	十	万	千	百	十	元	角	分	百	十	万	千	百	十	元	角	分	
收款	库存现金							4	5	0	0										
收款	其他应收款	瞿彦															4	5	0	0	
附件　1　张		合 计 金 额					¥	4	5	0	0					¥	4	5	0	0	

会计主管　　　　　　　会计　　　　　　出纳 瞿彦　　　　　　制单 甘静

图 3-33　填制记账凭证

⑦出纳根据记账凭证登记现金日记账，结出现金本日合计和余额，如图 3-34 所示。

现金日记账

单位：元

2019年		凭证号	摘要	对方科目	借方	贷方	方向	余额
月	日							
1	1		上年结转				借	5 000.00
1	1	记-1	收到押金	其他应付款	2 000.00		借	7 000.00
			本日合计		2 000.00	—	借	7 000.00
1	2	记-3	取备用金	银行存款	3 000.00		借	10 000.00
			本日合计		3 000.00	—	借	10 000.00
1	3	记-4	销售实木凳	主营业务收入	870.00		借	10 870.00
			本日合计		870.00	—	借	10 870.00
1	10	记-5	预借差旅费	其他应收款		1 000.00	借	9 870.00
			本日合计		—	1 000.00	借	9 870.00
1	20	记-12	购买A4打印纸	管理费用		928.00	借	8 942.00
			本日合计		—	928.00	借	8 942.00
1	30	记-17	支付房屋押金	其他应收款		500.00	借	8 442.00
			本日合计		—	500.00	借	8 442.00
1	31	记-50	现金短款	待处理财产损溢		45.00	借	8 397.00
1	31	记-52	收到短款	其他应收款	45.00		借	8 442.00
1	31		本日合计		45.00	45.00	借	8 442.00

图 3-34　登记现金日记账

三、月末处理

出纳处理完本月日常业务后，还需要对现金日记账进行月末结账。

（一）月结

现金日记账要按月结出发生额和余额。具体要求：在最后一笔经济业务记录下通栏画红单线，结出本月发生额和余额，在摘要栏内注明"本月合计"字样，在下面再通栏画红单线。

（二）累结

现金日记账在每月结账时，应在"本月合计"下面结出年初起至本月的累计数额，登记在月份发生额的下面，在摘要栏内注明"本年累计"字样，并在下面通栏画红单线；全年累计发生额下面要画通栏双红线。

【例 3-8】2019 年 1 月 1 日至 2019 年 1 月 31 日，九龙家具有限公司现金日记账结账情况如图 3-35 所示。

现金日记账

单位: 元

2019年		凭证号	摘要	对方科目	借方	贷方	方向	余额
月	日							
1	1		上年结转				借	5 000.00
1	1	记-1	收到押金	其他应付款	2 000.00		借	7 000.00
			本日合计		2 000.00	—	借	7 000.00
1	2	记-3	取备用金	银行存款	3 000.00		借	10 000.00
			本日合计		3 000.00	—	借	10 000.00
1	3	记-4	销售实木凳	主营业务收入	870.00		借	10 870.00
			本日合计		870.00	—	借	10 870.00
1	10	记-5	预借差旅费	其他应收款		1 000.00	借	9 870.00
			本日合计		—	1 000.00	借	9 870.00
1	20	记-12	购买A4打印纸	管理费用		928.00	借	8 942.00
			本日合计		—	928.00	借	8 942.00
1	30	记-17	支付房屋押金	其他应收款		500.00	借	8 442.00
			本日合计		—	500.00	借	8 442.00
1	31	记-50	现金短款	待处理财产损溢		45.00	借	8 397.00
1	31	记-52	收到短款	其他应收款	45.00		借	8 442.00
1	31		本日合计		45.00	45.00	借	8 442.00
1	31		本月合计		5 915.00	2 473.00	借	8 442.00
			本年累计		5 915.00	2 473.00	借	8 442.00

图 3-35　现金日记账

注意: 因本书为黑白印刷, 图 3-35 无法体现红线, 彩图请参考配套资源中相关图示。

提示: 现金日记账要实现日清月结, 月末要结出"本月合计"和"本年累计"数。

任务挑战

任务描述: 根据重庆裕达家具有限公司 2018 年 8 月发生的经济业务, 完成相关凭证填写、审核, 现金日记账登记和现金月末结账处理。

企业基本信息

重庆裕达家具有限公司是一家从事家具生产及销售的企业, 该公司主营业务范围为实木床, 以实木板、油漆等为主要原材料, 系增值税一般纳税人, 适用增值税税率16%, 所得税税率25%。开户银行: 重庆农村商业银行石桥铺支行; 账号: 03-74955; 纳税识别号: 3234185; 法定代表人: 赵传锦; 企业地址: 重庆市九龙坡区科园二路 888 号; 办公电话: 023-88888888; 公司财务主管: 杜平; 出纳: 王刚, 身份证号码: 500107198808089999, 发证机关: 重庆公安局九龙坡分局, 电话: 18888888888, 家庭住址: 重庆市九龙坡区石桥铺半山国际 1-1-1-1; 会计: 高猛; 保管员: 王一飞。

1. 8 月 3 日，取现金 11 000 元，备发补贴费。请完成图 3-36—图 3-38 相关凭证的填写和审核。

重庆农村商业银行
现金支票存根

31558666
15365654

附加信息

出票日期　　年　月　日
收款人：
金　额：
用　途：
单位主管　　　会计

重庆农村商业银行 **现金支票**　　31558666
15365654

付款期限自出票之日起十天

出票日期（大写）　　年　　月　　日　付款行名称：
收款人：　　　　　　　　出票人账号：

人民币（大写）	亿	千	百	十	万	千	百	十	元	角	分

用途　　　　　　密码 23256356
上列款项请从　　行号 3146530000001
我账户内支付
出票人签章　　　　复核　　　记账

附加信息：

收款人签章
年　月　日

身份证件名称：　　发证机关：
号码：

（贴粘单处）

根据《中华人民共和国票据法》等法律法规的规定，签发空头支票由中国人民银行处以票面金额 5%但不低于 1 000 元的罚款。

图 3-36　现金支票

记账凭证

年　月　日　　　　字第　号

摘要	总账科目	明细科目	借方金额									贷方金额									√
			百	十	万	千	百	十	元	角	分	百	十	万	千	百	十	元	角	分	
附件　张	合计金额																				

会计主管　　　会计　　　出纳　　　制单

图 3-37　记账凭证

现金日记账

单位：元

2018年		凭证号	摘要	对方科目	借方	贷方	方向	余额
月	日							
8	1		承前页				借	1 000.00

图 3-38　现金日记账

2.8月3日，发放补贴费。请根据图3-39完成图3-40—图3-41凭证的填写与审核。

高温补贴费签收表

单位：重庆裕达家具有限公司

工 号	部 门	岗 位	姓 名	补贴金额（元/人）	签收人
12301	总经办	总经理	赵传锦	500.00	赵传锦
12302	总经办	副总经理	高敏	500.00	高敏
12303	总经办	总经理助理	杜洋	500.00	杜洋
12304	行政部	行政经理	常务	500.00	常务
12305	行政部	行政助理	王金	500.00	王金
12306	财务部	财务主管	杜平	500.00	杜平
12307	财务部	会计	高猛	500.00	高猛
12308	财务部	出纳	王刚	500.00	王刚
12309	采购部	采购经理	杨钦	500.00	杨钦
12310	采购部	采购人员	张洋	500.00	张洋
12311	仓管部	仓库主管	王一飞	500.00	庞碧
12312	仓管部	仓库人员	杨超	500.00	杨超
12313	销售部	销售经理	杨燕 现金付讫	500.00	杨燕
12314	销售部	业务人员	胡利	500.00	胡利
12315	销售部	业务人员	胡毅	500.00	胡毅
12316	销售部	业务人员	赵敏	500.00	赵敏
12317	生产车间	生产主管	高艺文	500.00	高艺文
12318	生产车间	质量检验员	张度妍	500.00	张度妍
12319	生产车间	生产工人	马家坪	500.00	马家坪
12320	生产车间	生产工人	杨一大	500.00	杨一大
12321	生产车间	生产工人	赵孟颖	500.00	赵孟颖
12322	生产车间	生产工人	黄蝉兰	500.00	黄蝉兰
	合计	大写人民币壹万壹仟元整		11 000.00	

审核：杜平　　　　　　　　制表：高猛

图 3-39　高温补贴费签收表

记账凭证

年 月 日 字第 号

摘 要	总账科目	明 细 科 目	借 方 金 额										贷 方 金 额										√
			百	十	万	千	百	十	元	角	分	百	十	万	千	百	十	元	角	分	
附件 张		合 计 金 额																			

会计主管　　　　　会计　　　　　出纳　　　　　制单

图 3-40　记账凭证

现金日记账

单位：元

2018年		凭证号	摘要	对方科目	借方	贷方	方向	余额
月	日							
8	1		承前页				借	1 000.00

图 3-41　现金日记账

3. 8月5日，向东方商城购买 A4 打印纸 10 包，含税单价 30 元，增值税额 48 元。请根据相关信息完成图 3-42—图 3-44 凭证的填写与审核。（地址：石桥铺石新路 56 号；开户银行：工商银行石新路分理处；账号：02-14518；纳税人登记号：24100739001。）

重庆市增值税普通发票   NO 55665588

1100321256

发票联

购买方	名　　称：						密码区		
	纳税人识别号：								
	地址、电话：								
	开户行及账号：								

开票日期：　年　月　日

货物或应税劳务、服务名称	规格型号	单位	数量	单价	金额	税率	税额
合　计							

价税合计（大写）		（小写）

销售方	名　　称：		备注
	纳税人识别号：		
	地址、电话：		
	开户行及账号：		

收款人：　　　　复核：　　　　　　开票人：　　　　　　销售方（章）

图 3-42　增值税普通发票

记账凭证

年　月　日　　　　字第　号

摘　要	总账科目	明细科目	借方金额										贷方金额										√
			百	十	万	千	百	十	元	角	分	百	十	万	千	百	十	元	角	分	
附件　　张	合　计　金　额																				

会计主管　　　　会计　　　　　出纳　　　　　制单

图 3-43　记账凭证

现金日记账

单位：元

2018年		凭证号	摘要	对方科目	借方	贷方	方向	余额
月	日							
8	1		承前页				借	1 000.00

图 3-44　现金日记账

4.8 月 15 日，向个人张什锦零售实木板 10 块，型号 120 cm × 10 cm，不含税单价 60 元。完成图 3-45—图 3-49 凭证的填制与审核。

1100321256	重庆市增值税普通发票	NO 55665590

发票联

开票日期：   年   月   日

购买方	名　　称： 纳税人识别号： 地址、电话： 开户行及账号：					密码区			
货物或应税劳务、服务名称	规格型号	单位	数量	单价	金额	税率	税额		
合　计									
价税合计（大写）					（小写）				
销售方	名　　称： 纳税人识别号： 地址、电话： 开户行及账号：					备注			

收款人：　　　　　复核：　　　　　　　　开票人：　　　　　　销售方（章）

图 3-45 增值税普通发票

记账凭证

年　　月　　日　　　　　　　字第　　号

摘　要	总 账 科 目	明 细 科 目	借 方 金 额										贷 方 金 额										√
			百	十	万	千	百	十	元	角	分	百	十	万	千	百	十	元	角	分	
附件　　张	合 计 金 额																				

会计主管　　　　　　　会计　　　　　　　出纳　　　　　　　制单

图 3-46 记账凭证

现金日记账

单位：元

2018年		凭证号	摘要	对方科目	借方	贷方	方向	余额
月	日							
8	1		承前页				借	1 000.00

图 3-47　现金日记账

5. 8月25日，向个人万金荣零售实木床1张，型号200 cm×220 cm，不含税单价3 000元。完成图3-48—图3-50凭证的填制与审核。

重庆市增值税普通发票　　　　　NO 55665590

1100321256

重庆税务局
发票

开票日期：　　年　　月　　日

购买方	名　称：					密码区			
	纳税人识别号：								
	地址、电话：								
	开户行及账号：								
货物或应税劳务、服务名称	规格型号	单位	数量	单价	金额	税率	税额
合　计							
价税合计（大写）					（小写）		
销售方	名　称：					备注	
	纳税人识别号：						
	地址、电话：						
	开户行及账号：						

收款人：　　　　复核：　　　　　　　　开票人：　　　　　　销售方（章）

图 3-48　增值税普通发票

记账凭证

年　月　日　　　　　字第　号

摘　要	总账科目	明细科目	借方金额									贷方金额									√
			百	十	万	千	百	十	元	角	分	百	十	万	千	百	十	元	角	分	
附件　张		合　计　金　额																			

会计主管　　　　　会计　　　　　出纳　　　　　制单

图 3-49　记账凭证

现金日记账

单位：元

2018年		凭证号	摘要	对方科目	借方	贷方	方向	余额
月	日							
8	1		承前页				借	1 000.00

图 3-50　现金日记账

6. 8 月 30 日，将多余现金 3 500 元存入银行，其中 32 张 100 元面值，4 张 50 元面值，5 张 20 元面值。完成图 3-51—图 3-53 凭证的填制与审核。

重庆农村商业银行 **现金缴款单** (回 单)

年　月　日

收款单位	全　称				开户银行									
	账　号				款项来源									
人民币(大写)					千	百	十	万	千	百	十	元	角	分

票面	张数	金额	票面	张数	金额	
100元			1元			本缴款单金额银行全部收讫
50元			5角			
20元			2角			
10元			1角			收款员　　　复核员
5元			5分			
2元			1分			

图 3-51　现金缴款单

记账凭证

年　月　日　　　字第　号

摘　要	总账科目	明细科目	借方金额									贷方金额									√
			百	十	万	千	百	十	元	角	分	百	十	万	千	百	十	元	角	分	
附件　张		合　计　金　额																			

会计主管　　　　　会计　　　　　出纳　　　　　制单

图 3-52　记账凭证

现金日记账

单位：元

2018年		凭证号	摘要	对方科目	借方	贷方	方向	余额
月	日							
8	1		承前页				借	1 000.00

图 3-53　现金日记账

7. 8 月 31 日，清查小组（王鑫、李丽、张庆）对单位现金进行清查，发现现金账实不符，其中 100 元面值 13 张，50 元面值 1 张，并无法查明原因，经单位负责人同意，决定确认为当期利得。完成图 3-54—图 3-57 凭证的填制与审核。

库存现金盘点表

单位名称：　　　　　　盘点日期：　　年　月　日

现金清点情况			账目核对	
面额	张数	金额	项目	金额
100元			盘点日账户余额	
50元			加：收入未入账	
20元				
10元			加：未填凭证收款据	
5元				
2元				
1元			减：付出凭证未入账	
5角			减：未填凭证付款据	
2角				
1角				
5分			调整后现金余额	
2分			实点现金	
1分			长款	
合　　计			短款	
调整事项处理意见：				
盘点人：		出纳员：		主管会计：
单位负责人：		结果处理意见：		

图 3-54　库存现金盘点表

记账凭证

年　月　日　　　　　字第　　号

摘　要	总 账 科 目	明 细 科 目	借　方　金　额									贷　方　金　额									√
			百	十	万	千	百	十	元	角	分	百	十	万	千	百	十	元	角	分	
附件　　张		合　计　金　额																			

会计主管　　　　　　会计　　　　　　出纳　　　　　　制单

图 3-55　记账凭证 1

记账凭证

年　月　日　　　　　　字第　号

摘　要	总 账 科 目	明 细 科 目	借 方 金 额										贷 方 金 额										√
			百	十	万	千	百	十	元	角	分	百	十	万	千	百	十	元	角	分	
附件　　张		合 计 金 额																			

会计主管　　　　　　会计　　　　　　出纳　　　　　　制单

图 3-56　记账凭证 2

现金日记账

单位：元

2018年		凭证号	摘要	对方科目	借方	贷方	方向	余额
月	日							
8	1		承前页				借	1 000.00

图 3-57　现金日记账

第四话
圆转纯熟，银行结算

本话学习要点

    1. 熟悉企业票据及结算凭证认购流程。

    2. 能处理企业常见银行收款业务。

    3. 能处理企业常见银行付款业务。

    4. 能熟练进行银行存款清查及期末结账处理。

第一节　票据及结算凭证认购

通过学习九龙家具有限公司 2019 年 1 月发生的票据及结算凭证认购业务处理，掌握支票、凭证认购业务处理的方法。

一、票据认购

【例 4-1】2019 年 1 月 1 日，九龙家具有限公司购买转账支票 50 份，起止号码 90010001—90010050；现金支票 25 份，起止号码 88660026—88660050。

具体操作步骤：

①出纳填制"票据和结算凭证领用单"（一式两联），并在"原预留印鉴"空白处加盖单位财务专用章，如图 4-1 所示。

重庆农村商业银行　票据和结算凭证领用单

2019年1月1日

领用单位（人）	九龙家具有限公司			账号	03-74936							
凭证名称	凭证起讫号码	数量	单位	收费金额						原预留印鉴：		第一联　银行留存
				千	百	十	元	角	分			
转账支票	90010001—90010050	50	份			7	0	0	0			
现金支票	88660026—88660050	25	份			3	5	0	0			
合计金额	人民币（大写） 壹佰零伍元整			￥	1	0	5	0	0			

主管：　　　　　　复核：　　　　　　　　　　经办：

图 4-1　填制票据和结算凭证领用单

②单位负责人审核"票据和结算凭证领用单"，并在"原预留印鉴"空白处签章，如图 4-2 所示。

重庆农村商业银行 票据和结算凭证领用单

2019年1月1日

领用单位（人）	九龙家具有限公司			账号	03-74936						原预留印鉴：	第一联 银行留存
凭证名称	凭证起讫号码	数量	单位	收费金额								
				千	百	十	元	角	分			
转账支票	90010001—90010050	50	份			7	0	0	0			
现金支票	88660026—88660050	25	份			3	5	0	0			
合计金额：人民币（大写）	壹佰零伍元整			¥	1	0	5	0	0			
主管： 复核： 经办：												

图 4-2 审核并签章

③出纳到银行对公业务柜台进行业务办理，银行返回"票据和结算凭证领用单"客户留存联，同时收取工本费和手续费，如图4-3、图4-4所示。

重庆农村商业银行 票据和结算凭证领用单

2019年1月1日

领用单位（人）	九龙家具有限公司			账号	03-74936							第二联 客户留存
凭证名称	凭证起讫号码	数量	单位	收费金额								
				千	百	十	元	角	分			
转账支票	90010001—90010050	50	份			7	0	0	0			
现金支票	88660026—88660050	25	份			3	5	0	0			
										收款单位（盖章）		
										经办人：		
合计金额：人民币（大写）	壹佰零伍元整			¥	1	0	5	0	0			

图 4-3 客户留存联

重庆农村商业银行 业务凭证

出售对公凭证

交易流水号：04338000000001	交易代码： 020025	交易机构： 0400001
交易账号：03-74936	交易日期： 2019/1/1	交易柜员： 0411111
交易金额：105	交易时间： 16:20:23	授权柜员： 0411112
校验码：04200009		
户名： 九龙家具有限公司		出售类型： 0-正常出售
账号： 03-74936	收费方式：1-转账	币种： 人民币
工本费： 30.00	手续费： 75.00	合计金额： 105.00

凭证名称	起始号码	终止号码	凭证数量
转账支票	90010001	90010050	50
现金支票	88660026	88660050	25

图 4-4 银行业务凭证

④出纳将"票据和结算凭证领用单"客户留存联和银行收取工本、手续费业务凭证移交给会计，会计审核并填制记账凭证，出纳审核记账凭证，并在记账凭证上签字，如图4-5所示。

记账凭证

2019年1月1日　　　　　　　　记字第2号

摘　要	总账科目	明　细　科　目	借 方 金 额	贷 方 金 额	√
			百十万千百十元角分	百十万千百十元角分	
工本费	管理费用	办公费	3000		
手续费	财务费用	手续费	7500		
付工本费、手续费	银行存款			10500	
附件　2　张		合 计 金 额	￥　　10500	￥　　10500	

会计主管　　　　　会计　　　　　出纳　瞿彦　　　　　制单　甘静

图 4-5　填制记账凭证并审核

⑤出纳根据记账凭证登记银行存款日记账，如图4-6所示。

银 行 日 记 账

2019年 月	日	凭证编号	摘　要	借方金额	贷方金额	借或贷	余额	√
1	1		上年结转			借	112 500.00	
1	1	记-2	付工本费、手续费		105.00	借	112 395.00	

图 4-6　登记银行日记账

二、结算凭证认购

【例4-2】2019年1月10日，九龙家具有限公司购买电汇凭证25份，起止号码99009901—99009925。

具体操作步骤：

①出纳填制"票据和结算凭证领用单"两联，并在"原预留印鉴"空白处加盖单位财务专用章，如图4-7所示。

重庆农村商业银行　票据和结算凭证领用单
2019年1月10日

领用单位（人）	九龙家具有限公司					账号			03-74936			原预留印鉴：	第一联 银行留存
凭证名称	凭证起讫号码	数量	单位	收费金额									
				千	百	十	元	角	分				
电汇凭证	99009901—99009925	25	份			3	5	0	0				
合计金额：人民币（大写）　叁拾伍元整					¥	3	5	0	0				
主管：　　　　复核：　　　　　　　　经办：													

图4-7　填制票据和结算凭证领用单

②单位负责人审核"票据和结算凭证领用单"，并在"原预留印鉴"空白处签章，如图4-8所示。

重庆农村商业银行　票据和结算凭证领用单
2019年1月10日

领用单位（人）	九龙家具有限公司					账号			03-74936			原预留印鉴：	第一联 银行留存
凭证名称	凭证起讫号码	数量	单位	收费金额									
				千	百	十	元	角	分				
电汇凭证	99009901—99009925	25	份			3	5	0	0				
合计金额：人民币（大写）　叁拾伍元整					¥	3	5	0	0				
主管：　　　　复核：　　　　　　　　经办：													

图4-8　审核并签章

③出纳到银行柜台进行业务办理，银行返回"票据和结算凭证领用单"客户留存联，同时收取工本费和手续费，如图4-9、图4-10所示。

重庆农村商业银行　**票据和结算凭证领用单**

2019年1月10日

领用单位（人）	九龙家具有限公司			账号	03-74936							
凭证名称	凭证起讫号码	数量	单位	收费金额								
				千	百	十	元	角	分			
电汇凭证	99009901—99009925	25	份			3	5	0	0			
										收款单位（盖章）		
										经办人：		
合计金额 人民币（大写）	叁拾伍元整			¥	3	5	0	0				

（第二联 客户留存）

图 4-9　客户留存联

重庆农村商业银行　**业务凭证**

出售对公凭证

交易流水号：04338000000021　交易代码：020026　交易机构：0400001
交易账号：03-74950　交易日期：2019-01-10　交易柜员：0411111
交易金额：35.00　交易时间：11:10:25　授权柜员：0411112
校验码：04200555

（重庆农村商业银行 九龙坡支行 2019-01-10 业务受理专用章）

户名：九龙家具有限公司　　　　　　　　出售类型：0-正常出售
账号：03-74936　收费方式！0-转账　币种：人民币
工本费：10.00　手续费：25.00　合计金额：35.00
凭证名称　起始号码　　终止号码　　凭证数量
电汇凭证　99009901　99009925　35

图 4-10　银行业务凭证

④出纳将"票据和结算凭证领用单"客户留存联和银行收取工本、手续费业务凭证移交给会计，会计审核并填制记账凭证，出纳审核记账凭证，并在记账凭证上签字，如图 4-11 所示。

记账凭证

2019年1月10日　　记字第6号

摘要	总账科目	明细科目	借方金额										贷方金额										√
			百	十	万	千	百	十	元	角	分	百	十	万	千	百	十	元	角	分	
工本费	管理费用	办公费						1	0	0	0										
手续费	财务费用	手续费						2	5	0	0										
付工本费、手续费	银行存款																3	5	0	0	
附件 2 张	合计金额						¥	3	5	0	0					¥	3	5	0	0	

会计主管　　会计　　出纳 瞿彦　　制单 甘静

图 4-11　填制记账凭证并审核

⑤出纳根据记账凭证登记银行存款日记账，如图 4-12 所示。

银 行 日 记 账

2019年 月	日	凭证编号	摘 要	借方金额	贷方金额	借或贷	余 额	√
1	1		上年结转			借	112 500.00	
1	1	记-2	付工本费、手续费		105.00	借	112 395.00	
1	10	记-6	付工本费、手续费		35.00	借	112 360.00	

图 4-12　登记银行日记账

第二节　银行收款处理

通过学习九龙家具有限公司 2019 年 1 月发生的银行收款业务处理，掌握销售产品、接受捐赠、预收货款、余款进行等银行收款业务处理的方法。

一、销售产品

【例 4-3】2019 年 1 月 11 日，九龙家具有限公司销售实木床 300 张，每张售价 4 000 元。

具体操作步骤：

①出纳审核销售合同和银行收账通知，如图 4-13、图 4-14 所示。

购 销 合 同

合同编号：56758698

购货单位（甲方）：南星家具有限公司

供货单位（乙方）：九龙家居有限公司

根据《中华人民共和国合同法》及国家相关法律、法规的规定，甲乙双方本着平等互利的原则，就甲方购买乙方货物一事达成以下协议。

一、货物的名称、数量及价格：

货物名称	规格型号	单位	数量	单价	金额	税率	价税合计
实木床		套	300	4 000.00	1 200 000.00	16%	192 000.00
合计（大写）		人民币壹佰叁拾玖万贰仟元整				￥ 1 392 000.00	

二、交货方式和费用承担：交货方式：<u>购货方自行提货</u>，交货时间：<u>2019年1月25日</u>前，交货地点：<u>销售方所在地</u>，运费由<u>购货方</u>承担。

三、付款时间与付款方式：付款条件为：<u>现付</u>。

四、未尽事宜经双方协商可作补充协议，与本合同具有同等效力。

五、本合同自双方签字、盖章之日起生效；本合同壹式贰份，甲乙双方各执壹份。

甲方（签章）　　　　　　　　　　　　　乙方（签章）
授权代表：韩寒　　　　　　　　　　　　授权代表：范华
地　址：重庆市南岸区学府路2号　　　　地　址：重庆市九龙坡区科园路12号
电　话：023-96969696　　　　　　　　 电　话：023-77777777
日　期：2019年1月11日　　　　　　　 日　期：2019年1月11日

图 4-13　审核合同

重庆农村商业银行进账单（收账通知）3

2019年1月11日

出票人	全 称	南星家具有限公司										
	账 号	05-86157										
	开户银行	重庆农村商业银行九龙坡支行										
金额	人民币		千	百	十	万	千	百	十	元	角	分
		￥	1	3	9	2	0	0	0	0	0	0
收款人	全 称	九龙家具有限公司										
	账 号	03-74936										
	开户银行	重庆农村商业银行九龙坡支行										
票据种类 转账支票		张数 壹张		号码 66554322								
复核　　　记账　　　收款人　　　开户银行盖章												

图 4-14　银行进账通知

②出纳根据销售合同和银行收账通知开具增值税专用发票，如图4-15所示。

图 4-15　开具增值税专用发票

③出纳将合同、银行收账通知和增值税专用发票记账联移交给会计，会计审核并填制记账凭证，出纳审核记账凭证，并在记账凭证上签字，如图4-16所示。

记账凭证

2019年1月11日　　　　　记字第7号

摘　要	总账科目	明细科目	借方金额										贷方金额										√
			百	十万	千	百	十	元	角	分		百	十万	千	百	十	元	角	分		
销售产品	银行存款		1	3	9	2	0	0	0	0											
销售产品	主营业务收入	实木床										1	2	0	0	0	0	0	0		
销售产品	应交税费	应交增值税（销项税额）											1	9	2	0	0	0	0		
附件　2　张		合　计　金　额	1	3	9	2	0	0	0	0		1	3	9	2	0	0	0	0		

会计主管　　　会计　　　出纳　瞿彦　　　制单　甘静

图 4-16　填制记账凭证

④出纳根据记账凭证登记银行存款日记账，如图4-17所示。

银 行 日 记 账

2019年 月	日	凭证编号	摘 要	借方金额	贷方金额	借或贷	余 额	√
1	1		上年结转			借	112 500.00	
1	1	记-2	付工本费、手续费		105.00	借	112 395.00	
1	10	记-6	付工本费、手续费		35.00	借	112 360.00	
1	11	记-7	销售产品	1 392 000.00		借	1 504 360.00	

图 4-17 登记银行日记账

二、接受捐赠

【例4-4】2019 年 1 月 12 日,九龙家具有限公司接受九龙希望有限公司捐赠 100 000 元。

想一想

支票进账分顺进账和倒进账,想一想下列操作步骤属于哪一种进账方式。

具体操作步骤:

①出纳复查收到的转账支票内容是否填写完整、准确,如图 4-18 所示。

②检查无误后,在支票背面"背书人"栏盖九龙家具有限公司的财务专用章和法人章,并填写"委托收款"字样,背书日期和被背书人名称,如图 4-19 所示。

提示:被背书人名称为接收单位开户行的名称。

重庆农村商业银行 **转账支票**　31568660

11552265

付款期限自出票之日起十天内

出票日期（大写）贰零壹玖年零壹月壹拾贰日　付款行名称：重庆农村商业银行九龙坡支行

收款人：九龙家具有限公司　　　　出票人账号：03-74447

人民币（大写）	壹拾万元整	亿	千	百	十	万	千	百	十	元	角	分
					¥	1	0	0	0	0	0	0

用途　捐赠

密码＿＿＿＿＿＿＿＿

行号　3146530005651

上列款项请从我账户内支付

出票人签章　　　　　　复核　　　记账

（九龙希望有限公司 32355554 财务专用章）

（海程印字）

图 4-18　审核转账支票

附加信息：	被背书人　重庆农村商业银行九龙坡支行	被背书人	
	委托收款		（贴粘单处）
	（九龙家具有限公司 3235196 财务专用章）（金甘印锦）		
	背书人签章 2019年1月12日	背书人签章 年 月 日	

图 4-19　在支票背面签章并填写相关内容

③出纳根据转账支票填制"银行进账单"，如图 4-20 所示。

重庆农村商业银行进 账 单（回 单）1

2019年1月12日　　　　　NO 33550002

出票人	全　　称	九龙希望有限公司	收款人	全　　称	九龙家具有限公司											
	账　　号	05-86006		账　　号	03-74936											
	开户银行	中国银行南岸支行		开户银行	重庆农村商业银行九龙坡支行											
金额	人民币（大写）	壹拾万元整				亿	千	百	十	万	千	百	十	元	角	分
									¥	1	0	0	0	0	0	0	0
票据种类	转账支票	票据张数	壹张													
票据号码	11552265														
复核　　记账										开户银行签章					

图 4-20　填制银行进账单

④出纳人员携带转账支票及进账单到银行，办理非现金对公业务，如图 4-21 所示。

重庆农村商业银行进账单（回单）1

2019年1月12日　　　　　　　　№ 33550002

出票人	全称	九龙希望有限公司	收款人	全称	九龙家具有限公司
	账号	05-86006		账号	03-74936
	开户银行	中国银行南岸支行		开户银行	重庆农村商业银行九龙坡支行

金额	人民币（大写）	壹拾万元整	亿	千	百	十	万	千	百	十	元	角	分
						¥	1	0	0	0	0	0	0	0

票据种类	转账支票	票据张数	壹张	
票据号码	11552265			重庆农村商业银行 九龙坡支行 2019-01-12 业务受理专用章

复核　　　记账　　　　　　　　　　　　　　　　开户银行签章

图 4-21　办理非现金对公业务

⑤出纳将进账单回单和收账通知移交给会计，会计审核并填制记账凭证，出纳审核记账凭证，并在记账凭证上签字，如图 4-22 所示。

记账凭证

2019年1月12日　　　　　　　　记字第 8 号

摘要	总账科目	明细科目	借方金额										贷方金额										√
			百	十	万	千	百	十	元	角	分	百	十	万	千	百	十	元	角	分	
接受捐赠	银行存款			1	0	0	0	0	0	0	0										
接受捐赠	营业外收入												1	0	0	0	0	0	0	0	
附件　1　张	合计金额		¥	1	0	0	0	0	0	0	0	¥	1	0	0	0	0	0	0	0	

会计主管　　　　　会计　　　　　　出纳　瞿彦　　　　　制单　甘静

图 4-22　填制记账凭证

⑥出纳根据记账凭证登记银行存款日记账，如图 4-23 所示。

银 行 日 记 账

2019年		凭证编号	摘　要	借方金额	贷方金额	借或贷	余　额	√
月	日							
1	1		上年结转			借	112 500.00	
1	1	记-2	付工本费、手续费		105.00	借	112 395.00	
1	10	记-6	付工本费、手续费		35.00	借	112 360.00	
1	11	记-7	销售产品	1 392 000.00		借	1 504 360.00	
1	12	记-8	接受捐赠	100 000.00		借	1 604 360.00	

图 4-23　登记银行日记账

三、预收货款

【例 4-5】2019 年 1 月 13 日，九龙家具有限公司预收沙坪坝温馨家具城购买 100 张实木床货款 68 000 元。

具体操作步骤：

①出纳收到银行收账通知，如图 4-24 所示。

重庆农村商业银行进账单（收账通知）3

2019年1月13日

出票人	全　　称	沙坪坝温馨家具城									
	账　　号	05-86566									
	开户银行	重庆农村商业银行九龙坡支行									
金额	人民币	千	百	十	万	千	百	十	元	角	分
					¥	6	8	0	0	0	0
收款人	全　　称	九龙家具有限公司									
	账　　号	03-74936									
	开户银行	重庆农村商业银行九龙坡支行									
票据种类 转账支票　张数 壹张　号码 66558988											

复核　　　记账　　　收款人　　开户银行盖章

图 4-24　银行收账通知

②出纳将银行收账通知移交给会计,会计审核并填制记账凭证,出纳审核记账凭证,并在记账凭证上签字,如图4-25所示。

记账凭证

2019年1月13日　　　　　　　　记字第9号

摘　要	总账科目	明细科目	借 方 金 额	贷 方 金 额	√
			百 十 万 千 百 十 元 角 分	百 十 万 千 百 十 元 角 分	
预收货款	银行存款		6 8 0 0 0 0 0		
预收货款	预收账款	沙坪坝温馨家具城		6 8 0 0 0 0 0	
附件　1　张		合 计 金 额	¥ 6 8 0 0 0 0 0	¥ 6 8 0 0 0 0 0	

会计主管　　　　　　会计　　　　　　出纳 瞿彦　　　　　制单 甘静

图4-25　填制记账凭证

③出纳登记银行日记账,如图4-26所示。

银 行 日 记 账

2019年 月	日	凭证编号	摘　要	借方金额	贷方金额	借或贷	余额	√
1	1		上年结转			借	112 500.00	
1	1	记-2	付工本费、手续费		105.00	借	112 395.00	
1	10	记-6	付工本费、手续费		35.00	借	112 360.00	
1	11	记-7	销售产品	1 392 000.00		借	1 504 360.00	
1	12	记-8	接受捐赠	100 000.00		借	1 604 360.00	
1	13	记-9	预收货款	68 000.00		借	1 672 360.00	

图4-26　登记银行日记账

四、余款进行

【例4-6】2019年1月15日,将多余现金2 000元存入银行。

具体操作步骤:

①出纳清点现金,并填写"现金缴款单",注明其正面的收款单位名称、

账号、款项来源、金额和背面的存款人等信息，如图 4-27、图 4-28 所示。

正面

重庆农村商业银行　现金缴款单

2019 年 1 月 15 日

客户填写	收款单位	全　　称	九龙家具有限公司			账　号		03-74936									附件
		款项来源	余款存行			币　种		人民币									
	金额	人民币（大写）	贰仟元整	千	百	十	万	千	百	十	元	角	分				
								¥	2	0	0	0	0	0			张
银行记录																	

主管：　　　　　　复核：　　　　　　经办：

图 4-27　填写现金缴款单正面

背面

存 款 人 姓 名	瞿彦
证 件 名 称	居民身份证
证 件 号 码	5001071990010100021
发 证 机 关	重庆公安局九龙坡分局
现 住 址	重庆市九龙坡区花园小区1栋1单元
联 系 电 话	152××××××25

券　　别	100	50	20	10	5	2	1	辅币
张　　数	15	10						

图 4-28　填写现金缴款单背面

②出纳人员携带现金和现金缴款单到银行，办理现金对公业务，如图 4-29 所示。

图 4-29　办理现金对公业务

③出纳将现金缴款单回单移交给会计，会计审核并填制记账凭证，出纳审核记账凭证，并在记账凭证上签字，如图 4-30 所示。

记账凭证

2019年1月15日　　　　　　　记字第10号

摘　要	总账科目	明细科目	借方金额										贷方金额										√
			百	十	万	千	百	十	元	角	分	百	十	万	千	百	十	元	角	分	
余款存行	银行存款				2	0	0	0	0	0											
余款存行	库存现金														2	0	0	0	0	0	
附件　1　张	合　计　金　额				¥	2	0	0	0	0	0			¥	2	0	0	0	0	0	

会计主管　　　　　　会计　　　　　　出纳　瞿彦　　　　　制单　甘静

图 4-30　填制记账凭证

④出纳根据记账凭证登记银行存款日记账，如图 4-31 所示。

银 行 日 记 账

2019年		凭证编号	摘　要	借方金额	贷方金额	借或贷	余额	√
月	日							
1	1		上年结转			借	112 500.00	
1	1	记-2	付工本费、手续费		105.00	借	112 395.00	
1	10	记-6	付工本费、手续费		35.00	借	112 360.00	
1	11	记-7	销售产品	1 392 000.00		借	1 504 360.00	
1	12	记-8	接受捐赠	100 000.00		借	1 604 360.00	
1	13	记-9	预收货款	68 000.00		借	1 672 360.00	
1	15	记-10	余款存行	2 000.00		借	1 674 360.00	

图 4-31　登记银行日记账

第三节　银行付款处理

通过学习九龙家具有限公司 2019 年 1 月发生的银行付款业务处理，掌握购买材料、支付工资、支付水电费、预付货款等银行付款业务处理的方法。

一、购买材料

【例 4-7】2019 年 1 月 16 日，九龙家具有限公司向重庆绿色实木有限责任公司购入实木板 400 m^2，每平方米 80 元，油漆 50 桶，每桶 40 元。

具体操作步骤：

①出纳审核增值税专用发票发票联和抵扣联项目是否填写齐全，内容是否准确，如图 4-32 所示。

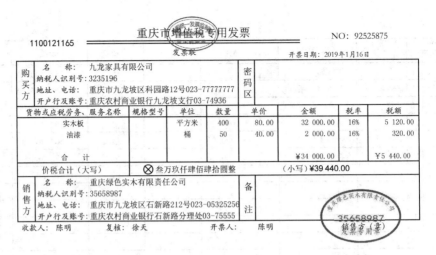

图 4-32 审核增值税专用发票

②出纳填制转账支票和银行进账单，如图 4-33、图 4-34 所示。

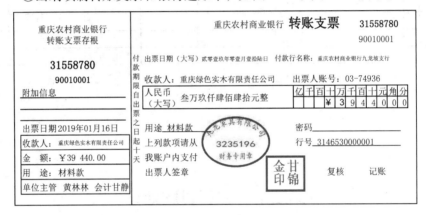

图 4-33 填制转账支票

重庆农村商业银行进 账 单（回 单） 1

2019年1月16日　　　　　NO 33566503

出票人	全　称	九龙家具有限公司	收款人	全　称	重庆绿色实木有限责任公司										
	账　号	03-74936		账　号	03-75555										
	开户银行	重庆农村商业银行九龙坡支行		开户银行	重庆农村商业银行石新路分理处	亿	千	百	十	万	千	百	十	元	角	分
金额	人民币（大写）	叁万玖仟肆佰肆拾元整						¥	3	9	4	4	0	0	0
票据种类	转账支票	票据张数	壹张												
票据号码	90010001														

　　　　复核　　记账　　　　　　　　　　开户银行签章

图 4-34 填制银行进账单

提示："进账单"上的"票据张数"的填写一般采用大写。

③出纳携带转账支票正联和进账单到银行柜台办理非现金对公业务，银行审核无误后在进账单上盖章，返回给出纳人员，如图4-35所示。

重庆农村商业银行进 账 单（回 单） 1

2019年1月16日   NO 33566503

出票人	全　　称	九龙家具有限公司	收款人	全　　称	重庆绿色实木有限责任公司										
	账　　号	03-74936		账　　号	03-75555										
	开户银行	重庆农村商业银行九龙坡支行		开户银行	重庆农村商业银行石新路分理处										
金额	人民币（大写）	叁万玖仟肆佰肆拾元整				亿	千	百	十	万	千	百	十	元	角	分
									¥	3	9	4	4	0	0	0

票据种类	转账支票	票据张数	壹张
票据号码	15366656		

重庆农村商业银行
九龙坡支行
2019-01-16
业务受理专用章

复核　　　记账　　　　　　　　　　开户银行签章

图4-35 银行审核进账单

④出纳将增值税专用发票、转账支票存根、进账单回单移交给会计，会计审核并填制记账凭证，出纳审核记账凭证，并在记账凭证上签字，如图4-36所示。

记账凭证

2019年1月16日   记字第11号

摘 要	总账科目	明细科目	借 方 金 额									贷 方 金 额									√
			百	十	万	千	百	十	元	角	分	百	十	万	千	百	十	元	角	分	
购买材料	原材料	实木板			3	2	0	0	0	0	0										
购买材料	原材料	油漆				2	0	0	0	0	0										
购买材料	应交税费	应交增值税（进项税额）				5	4	4	0	0	0										
购买材料	银行存款													3	9	4	4	0	0	0	
附件 3 张		合 计 金 额	¥		3	9	4	4	0	0	0	¥		3	9	4	4	0	0	0	

会计主管　　　　会计　　　　出纳 瞿彦　　　　制单 甘静

图4-36 填制记账凭证

⑤出纳根据记账凭证登记银行存款日记账，如同4-37所示。

银 行 日 记 账

2019年 月	日	凭证编号	摘 要	借方金额	贷方金额	借或贷	余 额	√
1	1		上年结转			借	112 500.00	
1	1	记-2	付工本费、手续费		105.00	借	112 395.00	
1	10	记-6	付工本费、手续费		35.00	借	112 360.00	
1	11	记-7	销售产品	1 392 000.00		借	1 504 360.00	
1	12	记-8	接受捐赠	100 000.00		借	1 604 360.00	
1	13	记-9	预收货款	68 000.00		借	1 672 360.00	
1	15	记-10	余款存行	2 000.00		借	1 674 360.00	
1	16	记-11	购买材料		39 440.00	借	1 634 920.00	

图 4-37 登记银行日记账

二、支付工资

【例 4-8】2019 年 1 月 17 日，九龙家具有限公司支付 2018 年 12 月员工工资 102 282.20 元。

具体操作步骤：

①出纳审核 2018 年 12 月工资表和银行打卡表，如图 4-38、图 4-39 所示。

2018年12月工资表

2019年1月17日

单位名称：九龙家具有限公司　　　　　　　　　　　　　　　　　　　　　单位：元

姓名	部门	岗位	应付工资	代扣明细			代扣款合计	实发工资
				代扣医疗保险	代扣养老保险	代扣失业保险		
甘锦金	办公室	法定代表人	9 800.00	196.00	784.00	19.60	999.60	8 800.40
范俊	办公室	办公室主任	8 000.00	160.00	640.00	16.00	816.00	7 184.00
沈小红	办公室	办公室职员	4 800.00	96.00	384.00	9.60	489.60	4 310.40
叶子	仓储部	仓管经理	6 500.00	130.00	520.00	13.00	663.00	5 837.00
梵语	仓储部	仓管员	5 000.00	100.00	400.00	10.00	510.00	4 490.00
黄林林	财务部	财务经理	6 800.00	136.00	544.00	13.60	693.60	6 106.40
瞿彦	财务部	出纳	5 000.00	100.00	400.00	10.00	510.00	4 490.00
甘静	财务部	会计	5 000.00	100.00	400.00	10.00	510.00	4 490.00
王家国	采购部	采购经理	7 500.00	150.00	600.00	15.00	765.00	6 735.00
卢一一	采购部	采购员	6 000.00	120.00	480.00	12.00	612.00	5 388.00
黄芩	销售部	销售经理	7 600.00	152.00	608.00	15.20	775.20	6 824.80
李卓	销售部	销售员	4 500.00	90.00	360.00	9.00	459.00	4 041.00
周红	生产车间	车间主任	6 000.00	120.00	480.00	12.00	612.00	5 388.00
刘晓宇	生产车间	车间工人	4 400.00	88.00	352.00	8.80	448.80	3 951.20
周丽丽	生产车间	车间工人	3 600.00	72.00	288.00	7.20	367.20	3 232.80
魏伊娜	生产车间	车间工人	3 200.00	64.00	256.00	6.40	326.40	2 873.60
姚振杰	生产车间	车间工人	3 800.00	76.00	304.00	7.60	387.60	3 412.40
黄嘉怡	生产车间	车间工人	5 000.00	100.00	400.00	10.00	510.00	4 490.00
陈伟霆	生产车间	车间工人	3 400.00	68.00	272.00	6.80	346.80	3 053.20
张东东	生产车间	车间工人	3 800.00	76.00	304.00	7.60	387.60	3 412.40
吴安宇	生产车间	车间工人	4 200.00	84.00	336.00	8.40	428.40	3 771.60
合　计			113 900.00	2 278.00	9 112.00	227.80	11 617.80	102 282.20

单位负责人：甘锦金　　　　　　　审核：黄林林　　　　　　制表：甘静

图 4-38　审核工资表

2018年12月工资银行打卡表

2019年1月17日

单位名称：九龙家具有限公司

姓名	身份证号码	银行卡号	金额	备注
甘锦金	500107***1	6000000001	8 800.40	
范俊	500107***2	6000000002	7 184.00	
沈小红	500107***3	6000000003	4 310.40	
叶子	500107***4	6000000004	5 837.00	
梵语	500107***5	6000000005	4 490.00	
黄林林	500107***6	6000000006	6 106.40	
瞿彦	500107***7	6000000007	4 490.00	
甘静	500107***8	6000000008	4 490.00	
王家国	500107***9	6000000009	6 735.00	
卢一一	500239***1	6000000010	5 388.00	
黄芩	500239***2	6000000011	6 824.80	
李卓	500239***3	6000000012	4 041.00	
周红	500239***4	6000000013	5 388.00	
刘晓宇	500239***5	6000000014	3 951.20	
周丽丽	500239***6	6000000015	3 232.80	
魏伊娜	500239***7	6000000016	2 873.60	
姚振杰	500239***8	6000000017	3 412.40	
黄嘉怡	500239***9	6000000018	4 490.00	
陈伟霆	500233***1	6000000019	3 053.20	
张东东	500233***2	6000000020	3 412.40	
吴安宇	500233***3	6000000021	3 771.60	
合　计			102 282.20	

单位负责人：甘锦金　　　审核：黄林林　　　　制表：甘静

图 4-39　审核银行打卡表

②出纳填制转账支票和银行进账单，如图 4-40、图 4-41 所示。

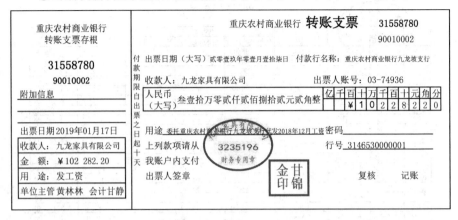

图 4-40　填制转账支票

提示：用途不能写成"发工资"，而是委托银行代发单位工资，应写成"委托重庆农村商业银行九龙坡支行代发 2018 年 12 月工资"。

重庆农村商业银行进 账 单（回 单）　1

2019年1月17日　　　　　　　　NO 33566503

出票人	全　称	九龙家具有限公司	收款人	全　称	九龙家具有限公司										
	账　号	03-74936		账　号	03-74930										
	开户银行	重庆农村商业银行九龙坡支行		开户银行	重庆农村商业银行九龙坡支行										
金额	人民币（大写）	壹拾万零贰仟贰佰捌拾贰元贰角整				亿	千	百	十	万	千	百	十	元	角	分
								¥	1	0	2	2	8	2	2	0
票据种类	转账支票	票据张数	壹张												
票据号码	90010002														
复核　　记账						开户银行签章									

图 4-41　填制银行进账单

③出纳携带转账支票正联、进账单、工资表（含银行打卡纸质表和电子表），到银行柜台办理非现金对公业务，银行工作人员审核并发放工资，银行发放成功后提供盖章后的进账单回单和银行打卡回单，如图 4-42、图 4-43 所示。

重庆农村商业银行进账单（回单）1

2019年1月17日　　　　　　　　　　　　　　　NO 33566503

<table>
<tr><td rowspan="3">出票人</td><td>全　称</td><td colspan="2">九龙家具有限公司</td><td rowspan="3">收款人</td><td>全　称</td><td colspan="11">九龙家具有限公司</td></tr>
<tr><td>账　号</td><td colspan="2">03-74936</td><td>账　号</td><td colspan="11">03-74930</td></tr>
<tr><td>开户银行</td><td colspan="2">重庆农村商业银行九龙坡支行</td><td>开户银行</td><td colspan="11">重庆农村商业银行九龙坡支行</td></tr>
<tr><td rowspan="2">金额</td><td>人民币</td><td colspan="3" rowspan="2">壹拾万零贰仟贰佰捌拾贰元贰角整</td><td>亿</td><td>千</td><td>百</td><td>十</td><td>万</td><td>千</td><td>百</td><td>十</td><td>元</td><td>角</td><td>分</td></tr>
<tr><td>（大写）</td><td></td><td></td><td>¥</td><td>1</td><td>0</td><td>2</td><td>2</td><td>8</td><td>2</td><td>2</td><td>0</td></tr>
<tr><td>票据种类</td><td>转账支票</td><td>票据张数</td><td>壹张</td><td colspan="12" rowspan="4">重庆农村商业银行
九龙坡支行
2019-01-17
业务受理专用章</td></tr>
<tr><td>票据号码</td><td colspan="3">90010002</td></tr>
<tr><td colspan="4"></td></tr>
<tr><td colspan="4"></td></tr>
<tr><td colspan="4">复核　　　记账</td><td colspan="12">开户银行签章</td></tr>
</table>

图 4-42　盖章后的进账单

共1页，第1页

批量代理业务

账号 03-7493601　　　打印内容：全部明细　　　打印柜员：43002　　　打印时间：2019/1/17
单位 九龙家具有限公司　　　合计笔数：21　　　　　　　　　　　　合计金额：102 282.2
人数 21　　　成功金额：102 282.2　　　未成功笔数：0　　　未成功金额：0.00

1，甘锦金，6000000001，8 800.4，1，入账成功
2，范俊，6000000002，7 184，1，入账成功
3，沈小红，6000000003，4 310.4，1，入账成功
4，叶子，6000000004，5 837，1，入账成功
5，梵语，6000000005，4 490，1，入账成功
6，黄林林，6000000006，6 106.4，1，入账成功
7，瞿颜，6000000007，4 490，1，入账成功
8，甘静，6000000008，4 490，1，入账成功
9，王家国，6000000009，6 735，1，入账成功
10，卢一一，6000000010，5 388，1，入账成功
11，黄芩，6000000011，6 824.8，1，入账成功
12，李卓，6000000012，4 041，1，入账成功
13，周红，6000000013，5 388，1，入账成功
14，刘晓宇，6000000014，3 951.2，1，入账成功
15，周丽丽，6000000015，3 232.8，1，入账成功
16，魏伊娜，6000000016，2 873.6，1，入账成功
17，姚振杰，6000000017，3 412.4，1，入账成功
18，黄嘉怡，6000000018，4 490，1，入账成功
19，陈伟霆，6000000019，3 053.2，1，入账成功
20，张东东，6000000020，3 412.4，1，入账成功
21，吴安宇，6000000021，3 771.6，1，入账成功

（印章：重庆农村商业银行 九龙坡支行 2019-01-17 业务受理专用章）

图 4-43　银行打卡回单

　　提示：如工资"入账失败"，银行会给出失败原因说明（银行卡号错误、户名不符等），
　　出纳应向银行再次提供入账失败人员的信息，直至员工工资入账成功。

　　④制单人员根据工资表、转账支票存根、进账单回单和银行打卡回单
填制记账凭证，出纳签字，如图 4-44 所示。

记账凭证

2019年1月17日　　　　　　　　　　记字第12号

摘　要	总账科目	明细科目	借 方 金 额	贷 方 金 额	√
			百 十 万 千 百 十 元 角 分	百 十 万 千 百 十 元 角 分	
发工资	应付职工薪酬	工资	1 0 2 2 8 2 2 0		
发工资	银行存款			1 0 2 2 8 2 2 0	
附件 4 张		合 计 金 额	¥ 1 0 2 2 8 2 2 0	¥ 1 0 2 2 8 2 2 0	

会计主管　　　　　　会计　　　　　　出纳 瞿彦　　　　　　制单 甘静

图 4-44　填制记账凭证

⑤出纳根据记账凭证登记银行存款日记账，如图 4-45 所示。

银 行 日 记 账

2019年 月	日	凭证编号	摘　要	借方金额	贷方金额	借或贷	余额	√
1	1		上年结转			借	112 500.00	
1	1	记-2	付工本费、手续费		105.00	借	112 395.00	
1	10	记-6	付工本费、手续费		35.00	借	112 360.00	
1	11	记-7	销售产品	1 392 000.00		借	1 504 360.00	
1	12	记-8	接受捐赠	100 000.00		借	1 604 360.00	
1	13	记-9	预收货款	68 000.00		借	1 672 360.00	
1	15	记-10	余款存行	2 000.00		借	1 674 360.00	
1	16	记-11	购买材料		39 440.00	借	1 634 920.00	
1	17	记-12	发工资		102 282.20	借	1 532 637.80	

图 4-45　登记银行日记账

三、支付水电费

【例4-9】2019 年 1 月 21 日，九龙家具有限公司支付单位水电费。

具体操作步骤：

①出纳收到并审核委托银行代扣水电费业务回单，如图 4-46、图 4-47 所示。

重庆农村商业银行　**业务回单**

日期：2019年1月21日　　回单编号：1234566

付款人户名：九龙家具有限公司　　**付款人开户行：**重庆农村商业银行九龙坡支行
付款人账号：03-74936
收款人户名：重庆水务集团有限公司　　**收款人开户行：**重庆农村商业银行石新路分理处
收款人账号：03-75385
金额：捌仟捌佰元整　　**小写：**¥8 800.00
业务种类：委托代扣　　**凭证号码：**00000012
摘要：水费　　**币种：**01-人民币
交易机构：04001010801　　**渠道：**05-其他
客户附言：

重庆农村商业银行
九龙坡支行
2019-01-21
业务受理专用章

汇出行：04001010801　　**汇入行：**04001020080
汇出行名称：重庆农村商业银行九龙坡支行

图 4-46　审核水费银行代扣业务回单

重庆农村商业银行　**业务回单**

日期：2019年1月21日　　回单编号：1234565

付款人户名：九龙家具有限公司　　**付款人开户行：**重庆农村商业银行九龙坡支行
付款人账号：03-74936
收款人户名：国网重庆市电力有限公司　　**收款人开户行：**重庆农村商业银行石桥铺支行
收款人账号：03-75485
金额：壹万零肆佰肆拾元整　　**小写：**¥10 440.00
业务种类：委托代扣　　**凭证号码：**00000012
摘要：电费　　**币种：**01-人民币
交易机构：04001010801　　**渠道：**05-其他
客户附言：

重庆农村商业银行
九龙坡支行
2019-01-21
业务受理专用章

汇出行：04001010801　　**汇入行：**04001020081
汇出行名称：重庆农村商业银行九龙坡支行

图 4-47　审核电费银行代扣业务回单

②出纳到国网重庆市电力有限公司和重庆水务集团有限公司开具电费、税费增值税专用发票（发票联和抵扣联），如图 4-48、图 4-49 所示。

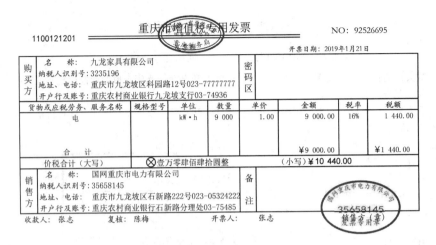

图 4-48　电费增值税专用发票

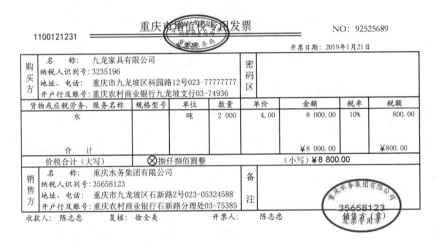

图 4-49　水费增值税专用发票

③出纳将委托付款凭证和增值税专用发票移交给会计，会计审核并填制记账凭证，出纳审核记账凭证，并在记账凭证上签字，如图4-50所示。

记账凭证

2019年1月21日　　　　　　　记字第14号

摘　要	总账科目	明细科目	借　方　金　额											贷　方　金　额											√
			百	十	万	千	百	十	元	角	分		百	十	万	千	百	十	元	角	分		
水电费扣款	应付账款	重庆水务集团有限公司				9	0	0	0	0	0												
水电费扣款	应付账款	国网重庆市电力有限公司				8	0	0	0	0	0												
水电费扣款	应交税费	应交增值税（进项税额）				2	2	4	0	0	0												
水电费扣款	银行存款														1	9	2	4	0	0	0		
附件 4 张		合　计　金　额	¥	1	9	2	4	0	0	0	0		¥	1	9	2	4	0	0	0	0		

会计主管　　　　　　会计　　　　　　出纳　瞿彦　　　　　　制单　甘静

图 4-50　填制记账凭证

④出纳根据记账凭证登记银行存款日记账，如图 4-51 所示。

银 行 日 记 账

2019年		凭证编号	摘　要	借方金额	贷方金额	借或贷	余额	√
月	日							
1	1		上年结转			借	112 500.00	
1	1	记-2	付工本费、手续费		105.00	借	112 395.00	
1	10	记-6	付工本费、手续费		35.00	借	112 360.00	
1	11	记-7	销售产品	1 392 000.00		借	1 504 360.00	
1	12	记-8	接受捐赠	100 000.00		借	1 604 360.00	
1	13	记-9	预收货款	68 000.00		借	1 672 360.00	
1	15	记-10	余款存行	2 000.00		借	1 674 360.00	
1	16	记-11	购买材料		39 440.00	借	1 634 920.00	
1	17	记-12	发工资		102 282.20	借	1 532 637.80	
1	21	记-14	水电费代扣		19 240.00	借	1 513 397.80	

图 4-51　登记银行日记账

四、购买固定资产

【例 4-10】2019 年 1 月 22 日，九龙家具有限公司向松立雕刻机有限公司购买 1325 常规雕刻机一台 12 000 元（不需要安装）。

具体操作步骤：

①出纳审核增值税专用发票，如图 4-52 所示。

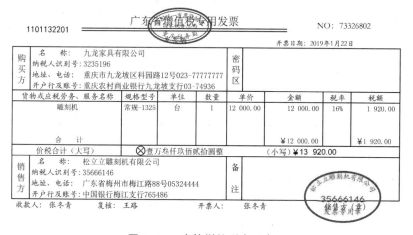

图 4-52　审核增值税专用发票

②出纳填制电汇凭证（一式三联），并在"客户签章"空白处加盖单位财务专用章，单位负责人审核盖章，如图4-53所示。

重庆农村商业银行电汇凭证（借方凭证） 2

□普通 □加急　委托日期 2019 年 1 月 22日　　　No 14502566

汇款人	全　称	九龙家具有限公司	收款人	全　称	松立立雕刻机有限公司
	账　号	03-74936		账　号	765486
	汇出地点	重庆 市 九龙坡 区		汇入地点	广东 省 梅江 市

汇出行名称	重庆农村商业银行九龙坡支行	汇入行名称	中国银行梅江支行

金额	人民币（大写）	壹万叁仟玖佰贰拾元整	亿 千 百 十 万 千 百 十 元 角 分　￥1 3 9 2 0 0 0 0

此汇款支付给收款人。

支付密码 **************

附加信息及用途：货款

客户签章　　　　复核　　记账

图 4-53　填制电汇凭证

③出纳带电汇凭证到银行对公业务窗口办理汇款手续。银行审核电汇凭证盖章，返回电汇凭证回单，如图4-54所示。

重庆农村商业银行电汇凭证（回 单） 1

□普通 □加急　委托日期 2019 年 1 月 22日　　　No 14502566

汇款人	全　称	九龙家具有限公司	收款人	全　称	松立立雕刻机有限公司
	账　号	03-74936		账　号	765486
	汇出地点	重庆 市 九龙坡 区		汇入地点	广东 省 梅江 市

汇出行名称	重庆农村商业银行九龙坡支行	汇入行名称	中国银行梅江支行

金额	人民币（大写）	壹万叁仟玖佰贰拾元整	亿 千 百 十 万 千 百 十 元 角 分　￥1 3 9 2 0 0 0 0

此汇款支付给收款人。

支付密码 **************

附加信息及用途：货款

汇出行签章　　　　复核　　记账

图 4-54　电汇凭证

④出纳将电汇凭证回单和增值税专用发票移交给会计，会计审核并填制记账凭证，出纳审核记账凭证，并在记账凭证上签字，如图4-55所示。

记账凭证

2019年1月22日　　　　　　　　记字第15号

摘　要	总账科目	明　细　科　目	借　方　金　额									贷　方　金　额									√
			百	十	万	千	百	十	元	角	分	百	十	万	千	百	十	元	角	分	
买雕刻机	固定资产				1	2	0	0	0	0	0										
买雕刻机	应交税费	应交增值税（进项税额）				1	9	2	0	0	0										
买雕刻机	银行存款													1	3	9	2	0	0	0	
附件 3 张		合　计　金　额	¥		1	3	9	2	0	0	0	¥		1	3	9	2	0	0	0	

会计主管　　　　　会计　　　　　出纳　瞿彦　　　　　制单　甘静

图 4-55　填制记账凭证

⑤出纳根据记账凭证登记银行存款日记账，如图4-56所示。

银 行 日 记 账

2019年		凭证编号	摘　要	借方金额	贷方金额	借或贷	余额	√
月	日							
1	1		上年结转			借	112 500.00	
1	1	记-2	付工本费、手续费		105.00	借	112 395.00	
1	10	记-6	付工本费、手续费		35.00	借	112 360.00	
1	11	记-7	销售产品	1 392 000.00		借	1 504 360.00	
1	12	记-8	接受捐赠	100 000.00		借	1 604 360.00	
1	13	记-9	预收货款	68 000.00		借	1 672 360.00	
1	15	记-10	余款存行	2 000.00		借	1 674 360.00	
1	16	记-11	购买材料		39 440.00	借	1 634 920.00	
1	17	记-12	发工资		102 282.20	借	1 532 637.80	
1	21	记-14	水电费代扣		19 240.00	借	1 513 397.80	
1	22	记-15	买雕刻机		13 920.00	借	1 499 477.80	

图 4-56　登记银行日记账

五、预付货款

【例4-11】2019 年 1 月 23 日，九龙家具有限公司预付重庆绿色实木
有限责任公司实木板款 35 000 元。

具体操作步骤：

①出纳填制转账支票和进账单，如图4-57、图4-58所示。

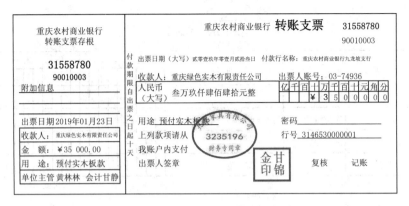

图 4-57 转账支票

重庆农村商业银行进账单(回 单)1

2019年1月23日　　　　　　NO.33566588

出票人	全　称	九龙家具有限公司	收款人	全　称	重庆绿色实木有限责任公司											
	账　号	03-74936		账　号	03-75555											
	开户银行	重庆农村商业银行九龙坡支行		开户银行	重庆农村商业银行石新路分理处											
金额	人民币(大写)	叁万伍仟元整				亿	千	百	十	万	千	百	十	元	角	分
									¥	3	5	0	0	0	0
票据种类	转账支票	票据张数	壹张													
票据号码	90010003															
复核　　　记账				开户银行签章												

图 4-58 进账单

②出纳携带转账支票正联和进账单到银行办理非现金对公业务，银行审核盖章并返回进账单回单，如图 4-59 所示。

重庆农村商业银行进账单(回 单)1

2019年1月23日　　　　　　NO.33566588

出票人	全　称	九龙家具有限公司	收款人	全　称	重庆绿色实木有限责任公司											
	账　号	03-74936		账　号	03-75555											
	开户银行	重庆农村商业银行九龙坡支行		开户银行	重庆农村商业银行石新路分理处											
金额	人民币(大写)	叁万伍仟元整				亿	千	百	十	万	千	百	十	元	角	分
									¥	3	5	0	0	0	0
票据种类	转账支票	票据张数	壹张	重庆农村商业银行 九龙坡支行 2019-01-23 业务受理专用章												
票据号码	90010003															
复核　　　记账				开户银行签章												

图 4-59 进账单回单

③出纳将转账支票存根联和进账单回单移交给会计，会计审核并填制记账凭证，出纳审核记账凭证，并在记账凭证上签字，如图 4-60 所示。

记账凭证

2019年1月23日　　　　　　　　　记字第16号

摘要	总账科目	明细科目	借方金额										贷方金额										√
			百	十	万	千	百	十	元	角	分	百	十	万	千	百	十	元	角	分	
预付实木板款	预付货款	重庆绿色实木有限责任公司			3	5	0	0	0	0	0										
预付实木板款	银行存款													3	5	0	0	0	0	0	
附件 2 张		合 计 金 额	¥		3	5	0	0	0	0	0	¥		3	5	0	0	0	0	0	

会计主管　　　　　　会计　　　　　　出纳　瞿彦　　　　　制单　甘静

图 4-60　填制记账凭证

④出纳根据记账凭证登记银行存款日记账，如图 4-61 所示。

银 行 日 记 账

2019年		凭证编号	摘　要	借方金额	贷方金额	借或贷	余额	√
月	日							
1	1		上年结转			借	112 500.00	
1	1	记-2	付工本费、手续费		105.00	借	112 395.00	
1	10	记-6	付工本费、手续费		35.00	借	112 360.00	
1	11	记-7	销售产品	1 392 000.00		借	1 504 360.00	
1	12	记-8	接受捐赠	100 000.00		借	1 604 360.00	
1	13	记-9	预收货款	68 000.00		借	1 672 360.00	
1	15	记-10	余款存行	2 000.00		借	1 674 360.00	
1	16	记-11	购买材料		39 440.00	借	1 634 920.00	
1	17	记-12	发工资		102 282.20	借	1 532 637.80	
1	21	记-14	水电费代扣		19 240.00	借	1 513 397.80	
1	22	记-15	买雕刻机		13 920.00	借	1 499 477.80	
1	23	记-16	预付实木板款		35 000.00	借	1 464 477.80	

图 4-61　登记银行日记账

第四节　银行存款月末处理

通过学习九龙家具有限公司 2019 年 1 月发生的银行业务，掌握银行存款月末对账、结账处理的方法。

一、对账

为掌握银行存款实有数，出纳员应定期核对账目，具体步骤为：①检查本企业银行存款日记账的正确性与完整性；②与银行对账单核对，即逐笔核对企业银行存款日记账与银行对账单，完成对银行存款的清查。若两者余额不符，一是出现未达账项，二是出现记账错漏，如漏记、重记、错记等。

未达账项是因为企业与银行取得结算凭证的时间不同，造成登记入账上的时间差异。具体分为以下四种：

①企收银未收。即企业已登记增加，而银行未收到结算凭证尚未登记。

②企付银未付。即企业已登记减少，而银行未收到结算凭证尚未登记。

③银收企未收。即银行已登记增加，而企业未收到结算凭证尚未登记。

④银付企未付。即银行已登记减少，而企业未收到结算凭证尚未登记。

如出现以上任何一种情况，企业需要编制"银行存款余额调节表"进行调节，调节后双方账面余额一般应相等；如不等，应进一步查询是否出现记账错误，直到双方账面余额相等为止。

【例 4-12】九龙家具有限公司出纳对 2019 年 1 月银行存款日记账进行清查。

具体步骤如下：

①出纳登记完本月银行存款日记账，并结出银行存款日记账本月合计，包括借方金额、贷方金额和余额，如图 4-62 所示。

银 行 日 记 账

2019年 月	日	凭证编号	摘　要	借方金额	贷方金额	借或贷	余额	√
1	1		上年结转			借	112 500.00	
1	1	记-2	付工本费、手续费		105.00	借	112 395.00	
1	10	记-6	付工本费、手续费		35.00	借	112 360.00	
1	11	记-7	销售产品	1 392 000.00		借	1 504 360.00	
1	12	记-8	接受捐赠	100 000.00		借	1 604 360.00	
1	13	记-9	预收货款	68 000.00		借	1 672 360.00	
1	15	记-10	余款存行	2 000.00		借	1 674 360.00	
1	16	记-11	购买材料		39 440.00	借	1 634 920.00	
1	17	记-12	发工资		102 282.20	借	1 532 637.80	
1	21	记-14	水电费代扣		19 240.00	借	1 513 397.80	
1	22	记-15	买雕刻机		13 920.00	借	1 499 477.80	
1	23	记-16	预付实木板款		35 000.00	借	1 464 477.80	
1	31		本月合计	1 562 000.00	210 022.20	借	1 464 477.80	

图 4-62　结出本月合计

②出纳凭身份证件到银行对公业务窗口打印 2019 年 1 月份单位银行对账单，如图 4-63 所示。

银 行 对 账 单

打印日期：20190201　　　　币种：人民币　　　第1页　共1页

账号：03-74936

账户名称：九龙家具有限公司

起始日期：20190101　　　　　　终止日期：20190131

重庆农村商业银行
九龙坡支行
2019-02-01
业务办讫

交易日期	摘要	借方发生额	贷方发生额	账户余额
20190101	付工本费、手续费	105.00		112 395.00
20190110	付工本费、手续费	35.00		112 360.00
20190111	销售产品		1 392 000.00	1 504 360.00
20190112	接受捐赠		100 000.00	1 604 360.00
20190113	预收货款		68 000.00	1 672 360.00
20190115	余款存行		2 000.00	1 674 360.00
20190116	购买材料	39 440.00		1 634 920.00
20190117	发工资	102 282.20		1 532 637.80
20190121	水电费代扣	19 240.00		1 513 397.80
20190122	买雕刻机	13 920.00		1 499 477.80
20190123	预付实木板款	35 000.00		1 464 477.80
20190130	个税代扣	478.20		1 463 999.60
20190131	代收货款		116 000.00	1 579 999.60

借方合计笔数：　　　8笔　　　借方合计金额：　　210 500.40 元

贷方合计笔数：　　　5笔　　　贷方合计金额：　1 678 000.00 元

打印完毕.

图 4-63　银行对账单

③出纳逐笔核对银行存款日记账和银行对账单，如出现未达账项，则编制银行存款余额调节表，如图4-64所示。

银行存款余额调节表

户名：九龙家具有限公司　　　　　　　日期：2019年1月

账号：03-74936　　　　　　　　　　开户行：重庆农村商业银行九龙坡支行

单位存款账面余额		1 464 477.80		银行对账单余额		1 579 999.60	
加：银行已收单位未收的款项				加：单位已收银行未收的款项			
日期	金额	摘要		日期	凭证号	金额	摘要
1月30日	116 000.00	代收货款					
合计	116 000.00	—		合计	—	—	—
减：银行已付单位未付的款项				减：单位已付银行未付的款项			
日期	金额	摘要		日期	凭证号	金额	摘要
1月31日	478.20	个税代扣					
合计	478.20	—		合计	—	—	—
调整后余额		1 579 999.60		调整后余额		1 579 999.60	

　　　审核人：甘静　　　　　　　　　　制表人：瞿彦

图4-64　银行存款余额调节表

想一想

银行存款日记账和银行对账单余额不符时，除了未达账项外，是否还有其他原因呢？

二、结账

根据《会计基础工作规范》规定，银行日记账要按月结出发生额和余额，即每月要进行月计和累计。

1.月计。具体做法：在最后一笔经济业务记录下面通栏画单红线，结出本月发生额和余额，在"摘要"栏内注明"本月合计"字样，在下面再通栏画单红线，如图4-65所示。

2.累计。具体做法：应在本月合计下面结出年初起至本月的累计数额，登记在月份发生额的下面，在"摘要"栏内注明"本年累计"字样，并在下面再通栏画单红线，如图4-65所示。

银 行 日 记 账

2019年 月	日	凭证编号	摘 要	借方金额	贷方金额	借或贷	余 额	√
1	1		上年结转			借	112 500.00	
1	1	记-2	付工本费、手续费		105.00	借	112 395.00	
1	10	记-6	付工本费、手续费		35.00	借	112 360.00	
1	11	记-7	销售产品	1 392 000.00		借	1 504 360.00	
1	12	记-8	接受捐赠	100 000.00		借	1 604 360.00	
1	13	记-9	预收货款	68 000.00		借	1 672 360.00	
1	15	记-10	余款存行	2 000.00		借	1 674 360.00	
1	16	记-11	购买材料		39 440.00	借	1 634 920.00	
1	17	记-12	发工资		102 282.20	借	1 532 637.80	
1	21	记-14	水电费代扣		19 240.00	借	1 513 397.80	
1	22	记-15	买雕刻机		13 920.00	借	1 499 477.80	
1	23	记-16	预付实木板款		35 000.00	借	1 464 477.80	
1	31		本月合计	1 562 000.00	210 022.20	借	1 464 477.80	
1	31		本年累计	1 562 000.00	210 022.20	借	1 464 477.80	

图 4-65 银行日记账

任务挑战

任务描述：根据重庆裕达家具有限公司2018年8月发生的经济业务，完成相关凭证填写和审核、银行存款日记账登记及月末处理。

企业基本信息

重庆裕达家具有限公司是一家从事家具生产及销售的企业，该公司主营业务范围为实木床，以实木板、油漆等为主要原材料，是增值税一般纳税人，适用增值税税率16%，所得税税率25%。开户银行：重庆农村商业银行石桥铺支行；账号：03-74955；纳税识别号：3234185；法定代表人：赵传锦；企业地址：重庆市九龙坡区科园二路888号；办公电话：023-88888888；公司财务主管：杜平；出纳：王刚，身份证号码500107198808089999，发证机关：重庆公安局九龙坡分局，电话18888888888，家庭住址：重庆市九龙坡区石桥铺半山国际1-1-1-1；会计：高猛；保管员：王一飞。

1. 8 月 2 日，提现备用 3 000 元。请完成图 4-66—图 4-68 相关内容的填写和审核。

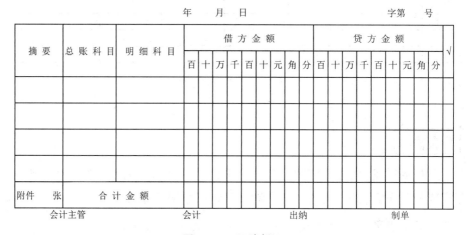

图 4-66　现金支票

记账凭证

年　　月　　日　　　　　　　　　　字第　　号

摘 要	总账科目	明细科目	借 方 金 额									贷 方 金 额									√
			百	十	万	千	百	十	元	角	分	百	十	万	千	百	十	元	角	分	
附件　　张	合 计 金 额																				

会计主管　　　　　　　　会计　　　　　　　出纳　　　　　　　制单

图 4-67　记账凭证

银 行 日 记 账

2018年		凭证编号	摘 要	借方金额	贷方金额	借或贷	余额	√
月	日							
8	1		承前页			借	1 115 100.00	

图 4-68 银行日记账

2. 8 月 5 日，向村庄希望小学捐款 50 000 元。请完成图 4-69—图 4-71 相关内容的审核与填写。

重庆农村商业银行
转账支票存根
31558770
15366701
附加信息

出票日期 年 月 日
收款人：
金 额：
用 途：
单位主管 会计

重庆农村商业银行 **转账支票** 31558770
15366701

付款期限自出票之日起十天

出票日期（大写） 付款行名称：
收款人： 出票人账号：

人民币（大写）	亿	千	百	十	万	千	百	十	元	角	分

用途________ 密码________
上列款项请从 行号 3146530000001
我账户内支付
出票人签章 复核 记账

图 4-69 转账支票

记账凭证

年　月　日　　　　　　　　　　　　　　　　字第　号

摘　要	总账科目	明细科目	借 方 金 额									贷 方 金 额									√
			百	十	万	千	百	十	元	角	分	百	十	万	千	百	十	元	角	分	
附件　张	合 计 金 额																				

会计主管　　　　　　　会计　　　　　　　出纳　　　　　　　制单

图 4-70　记账凭证

银 行 日 记 账

2018年 月	日	凭证编号	摘　要	借方金额	贷方金额	借或贷	余额	√
8	1		承前页			借	1 115 100.00	

图 4-71　银行日记账

3. 8 月 5 日，支付广告费。请完成图 4-72—图 4-75 相关内容的填写和审核。

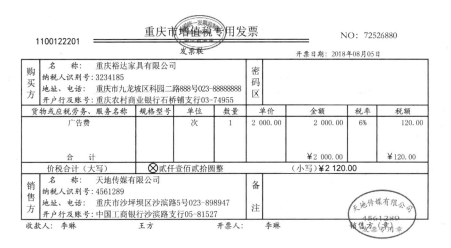

图 4-72　增值税专用发票

重庆农村商业银行
转账支票存根

31558770
15366702

附加信息 _____

_____

出票日期　年　月　日

收款人：

金　额：

用　途：

单位主管　　会计

重庆农村商业银行 **转账支票** 31558770
15366702

出票日期（大写）　　付款行名称：

收款人：　　　　　出票人账号：

人民币 | 亿 | 千 | 百 | 十 | 万 | 千 | 百 | 十 | 元 | 角 | 分 |
（大写）

用途 _____　　密码 _____

上列款项请从　　行号 3146530000001

我账户内支付

出票人签章　　　　　复核　　记账

付款期限自出票之日起十天

图 4-73　转账支票

记账凭证

年　　月　　日　　　　　　　字第　　号

摘要	总账科目	明细科目	借方金额									贷方金额									√
			百	十	万	千	百	十	元	角	分	百	十	万	千	百	十	元	角	分	
附件　　张	合 计 金 额																				

会计主管　　　　　　会计　　　　　出纳　　　　　制单

图 4-74　记账凭证

银 行 日 记 账

2018年		凭证编号	摘　要	借方金额	贷方金额	借或贷	余额	√
月	日							
8	1		承前页			借	1 115 100.00	

图 4-75　银行日记账

4. 8月7日，收到前欠货款。请完成图 4-76—图 4-78 相关内容的填写和审核。

重庆农村商业银行进 账 单（收账通知）

2018年8月7日　　　　　　　　　No 3355663

出票人	全　　称	美南家具有限公司	收款人	全　　称	重庆裕达家具有限公司										
	账　　号	08-78615		账　　号	03-74955										
	开户银行	中国招商银行渝北支行		开户银行	重庆农村商业银行石桥铺支行										
金额	人民币（大写）	肆拾陆万肆仟元整			亿	千	百	十	万	千	百	十	元	角	分
							¥	4	6	4	0	0	0	0	0
票据种类	转账支票	票据张数	壹张												
票据号码	98777533														

重庆农村商业银行
石桥铺支行
2018-08-07
业务办讫

复核　　记账　　　　　　　　　　收款人开户银行签章

图 4-76　进账单

记账凭证

<table>
<tr><td colspan="3"></td><td colspan="2">年　　月　　日</td><td colspan="3" style="text-align:right">字第　　号</td></tr>
<tr><td rowspan="2">摘　要</td><td rowspan="2">总账科目</td><td rowspan="2">明细科目</td><td colspan="8">借方金额</td><td colspan="8">贷方金额</td><td rowspan="2">√</td></tr>
<tr><td>百</td><td>十</td><td>万</td><td>千</td><td>百</td><td>十</td><td>元</td><td>角</td><td>分</td><td>百</td><td>十</td><td>万</td><td>千</td><td>百</td><td>十</td><td>元</td><td>角</td><td>分</td></tr>
<tr><td></td><td></td><td></td><td></td><td></td><td></td><td></td><td></td><td></td><td></td><td></td><td></td><td></td><td></td><td></td><td></td><td></td><td></td><td></td><td></td><td></td></tr>
<tr><td></td><td></td><td></td><td></td><td></td><td></td><td></td><td></td><td></td><td></td><td></td><td></td><td></td><td></td><td></td><td></td><td></td><td></td><td></td><td></td><td></td></tr>
<tr><td></td><td></td><td></td><td></td><td></td><td></td><td></td><td></td><td></td><td></td><td></td><td></td><td></td><td></td><td></td><td></td><td></td><td></td><td></td><td></td><td></td></tr>
<tr><td></td><td></td><td></td><td></td><td></td><td></td><td></td><td></td><td></td><td></td><td></td><td></td><td></td><td></td><td></td><td></td><td></td><td></td><td></td><td></td><td></td></tr>
<tr><td>附件　　张</td><td colspan="2">合　计　金　额</td><td></td><td></td><td></td><td></td><td></td><td></td><td></td><td></td><td></td><td></td><td></td><td></td><td></td><td></td><td></td><td></td><td></td><td></td><td></td></tr>
</table>

会计主管　　　　　　　会计　　　　　　出纳　　　　　　制单

图 4-77　记账凭证

银 行 日 记 账

<table>
<tr><td colspan="2">2018年</td><td rowspan="2">凭证编号</td><td rowspan="2">摘　要</td><td rowspan="2">借方金额</td><td rowspan="2">贷方金额</td><td rowspan="2">借或贷</td><td rowspan="2">余额</td><td rowspan="2">√</td></tr>
<tr><td>月</td><td>日</td></tr>
<tr><td>8</td><td>1</td><td></td><td>承前页</td><td></td><td></td><td>借</td><td>1 115 100.00</td><td></td></tr>
<tr><td></td><td></td><td></td><td></td><td></td><td></td><td></td><td></td><td></td></tr>
<tr><td></td><td></td><td></td><td></td><td></td><td></td><td></td><td></td><td></td></tr>
<tr><td></td><td></td><td></td><td></td><td></td><td></td><td></td><td></td><td></td></tr>
<tr><td></td><td></td><td></td><td></td><td></td><td></td><td></td><td></td><td></td></tr>
<tr><td></td><td></td><td></td><td></td><td></td><td></td><td></td><td></td><td></td></tr>
<tr><td></td><td></td><td></td><td></td><td></td><td></td><td></td><td></td><td></td></tr>
<tr><td></td><td></td><td></td><td></td><td></td><td></td><td></td><td></td><td></td></tr>
<tr><td></td><td></td><td></td><td></td><td></td><td></td><td></td><td></td><td></td></tr>
<tr><td></td><td></td><td></td><td></td><td></td><td></td><td></td><td></td><td></td></tr>
<tr><td></td><td></td><td></td><td></td><td></td><td></td><td></td><td></td><td></td></tr>
<tr><td></td><td></td><td></td><td></td><td></td><td></td><td></td><td></td><td></td></tr>
<tr><td></td><td></td><td></td><td></td><td></td><td></td><td></td><td></td><td></td></tr>
<tr><td></td><td></td><td></td><td></td><td></td><td></td><td></td><td></td><td></td></tr>
<tr><td></td><td></td><td></td><td></td><td></td><td></td><td></td><td></td><td></td></tr>
<tr><td></td><td></td><td></td><td></td><td></td><td></td><td></td><td></td><td></td></tr>
</table>

图 4-78　银行日记账

5. 8 月 12 日，因生产需要，向银行借款。请完成图 4-79—图 4-81 相关内容的填写和审核。

借款借据

单位编号：05277056   借款日期：2018年8月12日   合同编号：000901

收款单位	全　称	重庆裕达家具有限公司	借款单位	全　称	重庆裕达家具有限公司
	账　号	03-74955		账　号	03-74955
	开户银行	重庆农村商业银行石桥铺支行		开户银行	重庆农村商业银行石桥铺支行

金额	借款金额	人民币伍拾万元整	亿 千 百 十 万 千 百 十 元 角 分
			¥ 5 0 0 0 0 0 0 0

借款原因及用途	生产性项目长期借款	批准借款利率	年息7.50%

借款期限				你单位上列借款，已转入你单位结算账户内，借款到期时由我行按期自你单位结算账户转还。借款单位：
期次	计划还款日期	√	计划还款金额	
1	2021·8·12		500 000.00	
2				
备注：				

（银行盖章）

图 4-79　借款借据

记账凭证

年　　月　　日　　　　　　　　　　　　字第　　号

摘要	总账科目	明细科目	借方金额										贷方金额										√
			百	十	万	千	百	十	元	角	分	百	十	万	千	百	十	元	角	分	
附件　　张	合 计 金 额																				

会计主管　　　　　　会计　　　　　　出纳　　　　　　制单

图 4-80　记账凭证

银 行 日 记 账

2018年		凭证编号	摘　要	借方金额	贷方金额	借或贷	余额	√
月	日							
8	1		承前页			借	1 115 100.00	

图 4-81　银行日记账

6. 8月18日,缴纳上月税费。请完成图4-82—图4-84 相关内容的填写和审核。

重庆农村商业银行**业务回单**

转账日期:2018年8月18日

凭证字号:2019060888

纳税人全称及纳税人识别号:重庆裕达家具有限公司3234185

付款人全称:重庆裕达家具有限公司

付款人账号:03-74955　　　　　　　　征收机关名称:重庆市高新区国家税务局

付款人开户银行:重庆农村商业银行石桥铺支行　　收缴国库(银行)名称:国家金库重庆高新区支库

小写(合计)金额:¥276 000.00　　　　缴款书交易流水号:2019060869

大写(合计)金额:贰拾柒万陆仟元整　　　税票号码:0420187502重庆农村商业银行

石桥铺支行

2018-08-18

业务办讫

税(费)种名称	所属日期	实缴金额
增值税	20180701-20180731	¥220 000.00
企业所得税	20180701-20180731	¥56 000.00

图 4-82 业务回单

记账凭证

年　　月　　日　　　　　　　　　字第　　号

摘要	总账科目	明细科目	借方金额								贷方金额								√
			百	十	万	千	百	十	元	角	分	百	十	万	千	百	十	元	角	分	
附件　张	合计金额																			

会计主管　　　　　　会计　　　　　出纳　　　　　制单

图 4-83 记账凭证

93

银 行 日 记 账

2018年 月	2018年 日	凭证编号	摘 要	借方金额	贷方金额	借或贷	余 额	√
8	1		承前页			借	1 115 100.00	

图 4-84　银行日记账

7. 8月22日，收到利息。请完成图4-85—图4-87相关内容的填写和审核。

重庆农村商业银行 利息回单

交易日期：	2018-8-22	交易时间：	00:54:02
付款人名称：		现转标志：	转账
付款人账号：			
交易金额：	245.02		
大写	贰佰肆拾伍元零贰分		
收款人名称：	重庆裕达家具有限公司		
收款人账号：	03-74955		
摘要信息：	活期结息		
交易说明：	对公活期结息		
交易信息：	对公活期自动结息；利息：245.02；结息积数：980068.50 利率：0.3000000；所属时间：20180721-20180821		

重庆农村商业银行
石桥铺支行
2018-08-22
业务办讫

图 4-85　利息回单

记账凭证

年　　月　　日　　　　　　　　　字第　　号

摘要	总账科目	明细科目	借方金额									贷方金额									√
			百	十	万	千	百	十	元	角	分	百	十	万	千	百	十	元	角	分	
附件　　张　　　合　计　金　额																					

会计主管　　　　　　　会计　　　　　　　出纳　　　　　　制单

图 4-86　记账凭证

银 行 日 记 账

2018年		凭证编号	摘　要	借方金额	贷方金额	借或贷	余　额	√
月	日							
8	1		承前页			借	1 115 100.00	

图 4-87　银行日记账

8. 8月 26 日，采购实木板和油漆。请完成图 4-88—图 4-92 相关内容的填写和审核。

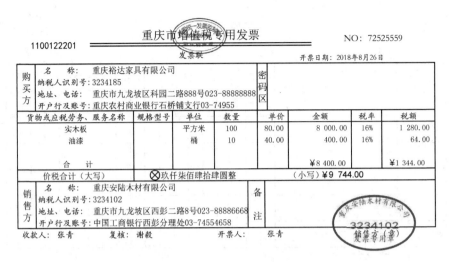

图 4-88　增值税专用发票

图 4-89　转账支票

重庆农村商业银行进账单(回单)　　　　1

年　　月　　日　　　　　NO 33568703

出票人	全　称		收款人	全　称											
	账　号			账　号											
	开户银行			开户银行											
金额	人民币 (大写)					亿	千	百	十	万	千	百	十	元	角	分
	票据种类		票据张数												
	票据号码														
	复核　　　记账								开户银行签章						

图 4-90　进账单

记账凭证

<table>
<tr><td colspan="4" style="text-align:center">年　　月　　日</td><td colspan="9" style="text-align:center">字第　　号</td><td></td></tr>
<tr><td rowspan="2">摘　要</td><td rowspan="2">总账科目</td><td rowspan="2">明细科目</td><td colspan="10">借方金额</td><td colspan="10">贷方金额</td><td rowspan="2">√</td></tr>
</table>

摘　要	总账科目	明细科目	借方金额										贷方金额										√
			百	十	万	千	百	十	元	角	分	百	十	万	千	百	十	元	角	分	
附件　　张		合　计　金　额																			

会计主管　　　　　　　会计　　　　　　出纳　　　　　　　制单

图 4-91　记账凭证

银 行 日 记 账

2018年 月	日	凭证编号	摘　要	借方金额	贷方金额	借或贷	余　额	√
8	1		承前页			借	1 115 100.00	

图 4-92　银行日记账

9. 8 月 28 日，销售型号 200 cm×180 cm 实木床 10 张，单价 3 800 元；销售型号 180 cm×150 cm 实木床 10 张，单价 3 200 元。请完成图 4-93—图 4-96 相关内容的填写和审核（客户信息：九龙家具有限公司，开户银行：重庆农村商业银行九龙坡支行；账号：03-74936；纳税识别号：3235196；地址：重庆市九龙坡区科园路 12 号；办公电话：023-77777777）

重庆农村商业银行进 账 单（回 单） 1

2018年8月28日　　　　NO 33344356

出票人	全　　称	九龙家具有限公司	收款人	全　　称	重庆裕达家具有限公司
	账　　号	03-74936		账　　号	03-74955
	开户银行	重庆农村商业银行九龙坡支行		开户银行	重庆农村商业银行石桥铺支行

金额（大写）	人民币　捌万壹仟贰佰元整	亿 千 百 十 万 千 百 十 元 角 分
		¥ 8 1 2 0 0 0 0

票据种类	转账支票	票据张数	壹张
票据号码	15366633		

重庆农村商业银行
九龙坡支行
2018-08-28
业务受理专用章

复核　　记账　　　　　　　　　　　　开户银行签章

图 4-93　进账单

重庆市增值税专用发票

1100122201　　　　　　　　　　　　　　　　　　NO：72323880

开票日期：　年 月 日

购买方	名　　称：			密码区	
	纳税人识别号：				
	地址、电话：				
	开户行及账号：				

货物或应税劳务、服务名称	规格型号	单位	数量	单价	金额	税率	税额
合　计							

价税合计（大写）		（小写）

销售方	名　　称：		备注	
	纳税人识别号：			
	地址、电话：			
	开户行及账号：			

收款人：　　　　　复核人：　　　　　开票人：　　　　　　　销售方（章）

图 4-94　增值税专用发票

记账凭证

图 4-95　记账凭证

银 行 日 记 账

2018年		凭证编号	摘　要	借方金额	贷方金额	借或贷	余　额	√
月	日							
8	1		承前页			借	1 115 100.00	

图 4-96　银行日记账

10. 8 月 30 日，销售型号 200 cm×180 cm 实木床 2 张，单价 4 200 元。请完成图 4-97—图 4-100 相关内容的填写和审核。（客户信息：雷美嘉，开户银行：重庆农村商业银行白市驿支行；账号：03-735506；纳税识别号：32121096；地址：重庆市九龙坡区白龙路 12 号；电话：023-73545587）

购 销 合 同

合同编号：56758011

购货单位（甲方）：雷美嘉

供货单位（乙方）：重庆裕达家具有限公司

根据《中华人民共和国合同法》及国家相关法律、法规之规定，甲乙双方本着平等互利的原则，就甲方购买乙方货物一事达成以下协议。

一、货物的名称、数量及价格：

货物名称	规格型号	单位	数量	单价	金额	税率	价税合计
实木床		套	2	4 000.00	8 000.00	16%	9 280.00
合计（大写）	人民币玖仟贰佰捌拾元整						9 280.00

二、交货方式和费用承担：交货方式：　销货方送货　，交货时间：2018年8月31日　前，交货地点：购货方所在地　，运费由　购货方　承担。

三、付款时间与付款方式：付款条件为：购买方收货后即付款。

四、未尽事宜经双方协商可作补充协议，与本合同具有同等效力。

五、本合同自双方签字、盖章之日起生效；本合同壹式贰份，甲乙双方各执壹份。

甲方（签章）	乙方（签章）
授权代表：雷美嘉	授权代表：
地　址：重庆市九龙坡区白市驿镇白龙路12号	地　址：重庆市九龙坡区科园一路888号
电　话：023-73545587	电　话：023-88888888
日　期：2018年8月30日	日　期：2018年8月30日

图 4-97　购销合同

重庆市增值税普通发票

1100122201　　　　　　　　　　　　　　　　　　NO：72323211

开票日期：　年　月　日

购买方	名　称：					密码区		
	纳税人识别号：							
	地址、电话：							
	开户行及账号：							

货物或应税劳务、服务名称	规格型号	单位	数量	单价	金额	税率	税额
合　计							
价税合计（大写）							

销售方	名　称：		备注
	纳税人识别号：		
	地址、电话：		
	开户行及账号：		

收款人：　　　　　　复核人：　　　　　　开票人：　　　　　　销售方（章）

图 4-98　增值税普通发票

记账凭证

年　月　日　　　　　　　　　　字第　号

摘　要	总账科目	明细科目	借方金额										贷方金额										√
			百	十	万	千	百	十	元	角	分	百	十	万	千	百	十	元	角	分	
附件　张	合 计 金 额																				

会计主管　　　　　　　　会计　　　　　　出纳　　　　　　制单

图 4-99　记账凭证

银 行 日 记 账

2018年 月 日	凭证编号	摘　要	借方金额	贷方金额	借或贷	余　额	√
8 1		承前页			借	1 115 100.00	

图 4-100　银行日记账

11. 8月31日，收到银行转来对账单。请完成图 4-101、图 4-102 银行对账处理。

银 行 对 账 单

打印日期：20180901

账号：03-74955

账户名称：重庆裕达家具有限公司

起始日期：20180801　　　　　　　　终止日期：20180831

> 重庆农村商业银行
> 石桥铺支行
> 2018-09-01
> 业务办讫

交易日期	摘要	借方发生额	贷方发生额	账户余额
20180802	取现	3 000.00		-3 000.00
20180805	捐款	50 000.00		-53 000.00
20180805	广告费	2 120.00		-55 120.00
20180807	代收货款		464 000.00	408 880.00
20180812	借款		500 000.00	908 880.00
20180818	代扣增值税	220 000.00		688 880.00
20180818	代扣企业所得税	56 000.00		632 880.00
20180822	活期结息		245.02	633 125.02
20180826	材料款	9 744.00		623 381.02
20180828	代收货款		81 200.00	704 581.02
20180831	代收货款		9 280.00	713 861.02
20180831	代扣个税	452.58		713 408.44

借方合计笔数：7笔　　　　　　借方合计金额：341 316.58

贷方合计笔数：5笔　　　　　　贷方合计金额：1 054 725.02

图 4-101　银行对账单

银行存款余额调节表

户名：　　　　　　　　　　　　年　月

账号：　　　　　　　　　　开户行：

单位存款账面余额			银行对账单余额			
加：银行已收单位未收的款项			**加：单位已收银行未收的款项**			
日期	金额	摘要	日期	凭证号	金额	摘要
合计			合计			
减：银行已付单位未付的款项			**减：单位已付银行未付的款项**			
日期	金额	摘要	日期	凭证号	金额	摘要
合计			合计			
调整后余额			调整后余额			

审核人：　　　　　　　　　　　　　　制表人：

图 4-102　银行存款余额调节表

第五话
已臻大成，工作交接

本话学习要点

    1. 了解出纳交接的概念和交接范围。

    2. 能说出出纳的交接程序。

第一节　交接范围

一、出纳交接的概念

出纳工作交接是指当出纳人员调动、离职或因病暂时不能工作时，应与接替人员办理交接手续的一种工作程序。

二、出纳交接的范围

为了保证会计工作的连续性，分清移交人员和接管人员工作的责任，出纳应做好交接工作。

（一）现金

现金根据会计账簿相关数据进行当面清点移交。

（二）会计资料

会计资料指由出纳填制、保管的会计凭证和会计账簿，如与现金、银行存款及其他货币资金有关的原始凭证、记账凭证、现金日记账和银行存款日记账等。

（三）票据及结算凭证

我国的结算票据包括支票、银行本票、银行汇票、商业汇票。结算凭证包括汇兑、委托收款、托收承付等。

（四）收据、发票

收据、发票包括空白收据或发票，已用、作废收据或发票等。

（五）印章

印章包括财务专用章、银行预留印鉴以及"现金收讫""现金付讫""银行收讫""银行付讫""作废"等业务专用章。

（六）其他

应由出纳人员保管的相关文件、对账单、合同、协议，报销单据、借据、办公室、办公桌与保险工具的钥匙，各种保密号码，由本部门保管的各种档案资料和公用会计工具、器具等，各种文件资料和其他业务资料。

第二节　交接程序

一、交接申请

出纳人员在向单位提出调动工作或离职的申请时，应当同时向会计机构提出交接申请，以便会计机构早做准备，安排其他出纳人员接替工作，如图 5-1 所示。交接申请的内容包括申请人姓名、调动工作或离职缘由、交接时间、交接的具体安排、有无未了或重大事项等。如出纳因事不能亲自办理移交手续的，经单位负责人批准，可由移交人委托他人办理交接，但委托人应当对所移交的资料真实性和完整性负责。移交后，如发现原经管的出纳业务有违反财会制度、财经纪律等问题的，仍由原移交人（委托人）负责。

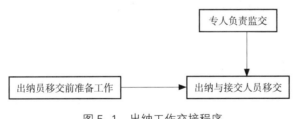

图 5-1　出纳工作交接程序

二、出纳人员移交前准备工作

为了防止遗漏，保证出纳交接工作顺利进行，因此出纳人员在办理交接手续前，要做好以下准备工作：

1.已受理但尚未处理的收付业务，应填制会计凭证、登记账簿，并在最后一笔余额后加盖本人印章。

2.书面材料写出未了事项，并整理应该移交的各项物资、资料。

3.库存现金日记账余额与实际库存核对，银行存款日记账余额与银行对账单核对,保证账实相符。

4.编制移交清册,一式三份,分别由移交人、接交人、监交人签章后留执,移交清册上要注明:单位名称、交接日期、监交人职务,并列明应当移交的现金、出纳账簿、各类印章、有关空白凭证、有价证券等内容。

三、出纳与交接人工作移交

出纳人员在办理岗位变动时,必须在规定的期限内,向接交人员移交清楚,接替人员要按照移交人员编制的移交清册,当面逐项核对点收,具体情况如下:

1.库存现金、有价证券、贵重物品须与会计账簿记录一致,并根据账簿记录逐一向接交人点清交接,如有问题及时当面清查。

2.出纳在移交会计账簿时,即库存现金日记账、银行存款日记账、有价证券明细账,接交人员要逐一核对,保证账账、账实相符,如发现短缺,及时查清原因,并在移交清册中注明。

3.银行存款日记账与银行对账单核对,如有不符,应及时查明原因,编制银行存款余额调节表,保证银行存款日记账的正确性。

4.原出纳人员经管的票据、票证及印章,必须交接清楚。

5.原出纳人员应将保险柜密码、钥匙、办公桌和办公室钥匙逐一移交给接交人,接交人在接交完毕后,应立即更换保险柜密码及有关锁具。

6.现金日记账与银行存款日记账的扉页内印有"启用表"的,还应由移交人、接交人注明交接日期、接交人员和监交人员姓名,并由交接双方签章。

四、出纳移交工作监交

出纳工作交接必须有监交人员负责监交,保证出纳交接工作的顺利进行,防止交接过程中出现违纪行为,明确出纳人员及接交人员各自的责任。

出纳人员办理交接手续,监交人一般为会计机构负责人或会计主管人员,监交人要在移交清册上签名或盖章。

任务挑战

任务:九龙家具有限公司出纳员瞿彦因工作调动需要与新招聘的出纳员白静交接相关出纳工作,请问瞿彦应做好哪些准备?应与白静交接哪些内容呢?